El niño difícil de criar

El niño difícil de criar
Guía para entenderlo y manejarlo

Stanley Turecki, M.D.
Leslie Tonner

Traducción
Margarita Cárdenas

GRUPO
EDITORIAL
norma

Barcelona, Bogotá, Buenos Aires, Caracas, Guatemala,
Lima, México, Miami, Panamá, Quito, San José,
San Juan, Santiago de Chile, Santo Domingo

Edición original en inglés:
THE DIFFICULT CHILD
de Stanley Turecki y Leslie Tonner.
Una publicación de Bantam Books
división de Bantam Doubleday Dell Publishing Group, Inc.
1540 Broadway, New York, NY 10036, U.S.A.
Copyright © 1985 por Stanley Turecki y Leslie Tonner.

Copyright © 1987 para América Latina
por Editorial Norma S. A.
Apartado Aéreo 53550, Bogotá, Colombia
Reservados todos los derechos.
Prohibida la reproducción total o parcial de este libro,
por cualquier medio, sin permiso escrito de la Editorial.
Impreso por Impreandes
Impreso en Colombia — Printed in Colombia
Agosto, 1997

Directora editorial, María del Mar Ravassa G.
Editor, Armando Bernal M.
Diseño de cubierta, María Clara Salazar

ISBN 958-04-0302-3

CONTENIDO

¿Tiene usted
un niño difícil?

PREGUNTAS SOBRE LA FAMILIA   Conteste Sí o No

1. ¿Encuentra usted que su niño es difícil
   de criar?
2. ¿Siente que la conducta del niño es difícil
   de entender?
3. ¿Con frecuencia está usted batallando con
   el niño?
4. ¿Tiene usted, como padre, sentimientos de
   incompetencia o de culpa?
5. ¿El niño está afectando a su matrimonio o
   a su vida familiar?

PREGUNTAS SOBRE EL NIÑO

Los subtítulos en bastardilla identifican áreas del
temperamento (modo de ser básico) de su niño o niña.
Califique a su niño globalmente en cada área, por
medio de esta escala:

1 = A veces
2 = Con frecuencia
3 = Siempre o casi siempre

Alto nivel de actividad
Muy activo; siempre se mete en todo; cansa a sus padres; "corrió antes de caminar"; se agita o se "enloquece"; pierde el control; detesta verse limitado.

Distraído
Le cuesta trabajo concentrarse y prestar atención, especialmente si no está muy interesado; no "escucha".

Poco adaptable
Tiene dificultad con las *transiciones* y los *cambios* de actividad o rutina; sigue pidiendo y llorando por algo que quiere; testarudo; muy persistente si realmente le gusta algo; parece "enfrascarse"; las pataletas son prolongadas y difíciles de suspender; se acostumbra a las cosas y no renuncia a ellas; tiene gustos insólitos por alimentos y prendas.

Retraimiento o rechazo inicial
No le gustan las situaciones nuevas: nuevos lugares, personas, alimentos o ropa; se echa para atrás o protesta llorando o aferrándose; sí se le obliga a seguir adelante puede tener una pataleta.

Alta intensidad
Un niño "ruidoso", cualquiera que sea su estado de ánimo: enojado, triste o feliz.

Irregular
Imprevisible. No se sabe cuándo tendrá hambre o sueño; conflictos a la hora de comer y de acostarse; cambios repentinos de ánimo; se despierta de noche.

Bajo umbral de sensibilidad*
Es sensible a los sonidos, las luces, los colores, las texturas, la temperatura, el dolor, los sabores o los olores; la ropa tiene que "sentirla bien", y es un problema vestirlo; no le gusta el sabor de muchas comidas; tiene sobrerreacciones ante cortaduras o raspaduras menores; siente calor cuando los demás tienen frío; tiende a sobreexcitarse; le pueden dar pataletas.

Estado de ánimo negativo
Básicamente serio o malhumorado. Quejumbroso. No es un "niño contento".

Lo que significa su calificación

EL "SI" DE LA FAMILIA	EL NIÑO	CONCLUSION
0 – 1	+ 2 – 5 puntos	= Niño básicamente dócil, con algunas características de niño difícil

---

* *Umbral:* término científico que indica el grado mínimo de estímulo necesario para que se produzca percepción. *Bajo umbral de sensibilidad* equivale a sensibilidad excesiva, psicológica o física — hiperestesia. *(N. del Ed.)*

EL "SI" DE LA FAMILIA	EL NIÑO	CONCLUSION
1 – 2	+ 6 –12 puntos	= Niño difícil
3 o más	+ 13 o más puntos	= Niño muy difícil

PREFACIO

Una de las pruebas para un concepto clínico es su exportabilidad. ¿Se trata simplemente de una idea personal, aplicable tan solo a quien la creó? ¿O tiene más amplia aplicabilidad?

Los investigadores han realizado considerables exploraciones en busca de la trascendencia que tiene el temperamento en los procesos de interacción que le revelan el mundo al niño, y el niño a la sociedad. Sin embargo, hasta ahora no se ha intentado hacer una aplicación práctica y amplia de los descubrimientos que han arrojado las investigaciones sobre el temperamento, hechas por psiquiatras de niños. O, por lo menos, no se han divulgado ampliamente. Este libro comienza a llenar ese vacío.

El doctor Stanley Turecki no pertenece al grupo comprometido en la investigación original sobre el temperamento y sus muchas facetas, que lleva el título de Estudio Longitudinal de Nueva York (ELNY), y el concepto de niño "difícil" que se usa en este libro no es idéntico al que se usa en las investigaciones del ELNY. Pero concuerda totalmente con el espíritu de ELNY, y el doctor Turecki ha seguido muy de cerca nuestras definiciones de las cualidades temperamentales del individuo.

El Estudio Longitudinal de Nueva York fue iniciado hace unos treinta años por el doctor Alexander Thomas y por mí, dos psiquiatras que vimos que las teorías de entonces eran incompletas y carecían de exactitud. Como clínicos, al doctor Thomas, trabajando con adultos, y a mí, trabajando con niños y adolescentes, nos molestaban los conceptos simplistas y sin suficiente base que les atribuían al manejo y a las actitudes de los padres — especialmente las de la madre — la culpa y la responsabilidad de muchos desórdenes en la conducta de los niños. Obviamente puede haber problemas entre los padres y un niño, entre un maestro y un alumno, entre condiscípulos y un niño. Algunos pequeños tienen problemas solamente en determinadas situaciones, mientras que otros parece que los tienen en todas partes. Pero que el manejo maternal nocivo fuera siempre o muy frecuentemente la causa primordial, de modo que la madre era la culpable, parecía contradecir muchos de los hechos de situaciones específicas. Además de carecer de exactitud, tales explicaciones dejaban a innumerables madres agobiadas de ansiedad y culpa, sin darles una orientación clara y definida sobre cómo cambiar para mejorar las cosas. Estas consideraciones nos llevaron en 1956 a emprender un estudio a largo plazo. Ese estudio tenía que empezar cuando los niños fueran pequeños infantes, antes de saber cuál niño presentaría dificultades más tarde. Eso fue lo que hicimos, y todavía estamos siguiendo el grupo ELNY, ahora que ya son jóvenes.

En nuestras exploraciones descubrimos que las características temperamentales se podían diferenciar en los niños desde la temprana infancia, y que estas características afectaban a los padres y a otras personas. En consecuencia, el temperamento del niño influía en la conducta y en la actitud de los padres, en la misma forma en que los padres influían en sus niños. Era una calle de doble vía, no siempre del padre hacia el hijo. Asimismo, descubrimos que cualquier clase de manejo paterno, aunque se hiciera con las mejores intenciones, daba buen resultado con algunos niños, pero no con otros. Los resultados dependían no solamente de lo que los padres hicieran sino del temperamento del niño. Para los mayores beneficios del niño, el manejo paterno debía tener en cuenta las características individuales del temperamento del niño. También descubrimos una combinación de características temperamentales que parecían producir proporcionalmente mayor dificultad en el manejo del niño. La denominamos grupo del "niño difícil".

El doctor Turecki ha ampliado el significado del término, pero mantuvo el espíritu con que fue acuñado. Ha descubierto que ciertas características temperamentales particulares son especialmente molestas para algunos padres; pueden ser o no ser las de la combinación del "niño difícil". Por ejemplo, un exceso de distracción puede sacar de quicio a

algunos padres; o el niño que tiene bajo umbral de
sensibilidad y se queja por el sabor de la comida o
por la sensación que le produce la ropa puede convertir las horas de comer y de vestirse en intolerables
enfrentamientos. Para estos padres tales niños son
"difíciles", aunque otras características que denominamos "difíciles" en nuestra investigación puedan
molestarlos menos. Así, el doctor Turecki, como verdadero clínico, se dedicó a definir para padres y para
niños individualmente los factores temperamentales
que conforman la dificultad. Igualmente, se dedicó a
buscar técnicas concretas de manejo que redujeran
al mínimo las infortunadas consecuencias de la conducta del niño, y al mismo tiempo le conservaran al
pequeño la capacidad de madurar, de aprender y de
adaptarse. En cuanto se cambiaran las interacciones
tormentosas e infructuosas por otras que fueran fruc-
tíferas y estuvieran en consonancia con el temperamento del niño, los padres y los niños podrían
aprender a quererse y a respetarse más.

El doctor Turecki le ha dado ahora a su experiencia
clínica una forma que es útil no solamente para otros
clínicos sino también — lo que es más importante —
para que los padres la usen en forma directa. Esta
experiencia presenta diversos tipos de niños difíciles
y sus padres. No todos estos pequeños tienen problemas psiquiátricos. Para estos chicos, la expresión
"prevención primaria" expresa mejor el servicio
prestado, que tiene afinidad con el manejo de la dieta
y de los hábitos que se emplea en la prevención
primaria de las enfermedades cardíacas.

Los niños y los padres que aparecen en este libro viven en una sociedad urbana occidental, y por tanto quizá no se puedan generalizar invariablemente sus situaciones y sus soluciones cuando se trata de circunstancias culturales que no son similares. Pero que un buen ajuste entre el manejo paterno y el temperamento del niño es vital para ayudar a éste a adaptarse a los imperativos de su sociedad es un concepto crucial que puede aplicarse a otras culturas.

El doctor Turecki ha explicado estas ideas en una forma que los padres puedan entender fácilmente, pero sin que se diluyan la sustancia y el significado de este enfoque. Su informe es sólido, sensato y práctico, y, al mismo tiempo, capta la esencia de la vasta investigación hecha sobre esta área, que se ha llevado a cabo en los últimos treinta años. Lo recomiendo decididamente.

STELLA CHESS, M.D.
Profesora de psiquiatría
Escuela de Medicina de la
Universidad de Nueva York

A Lucille y a la familia
— claro está

UNA INTRODUCCION PERSONAL

Soy psiquiatra infantil y de familia, y padre de una niña que fue muy inquieta. Jillian tiene 11 años, es encantadora e interesante; pero durante sus primeros años, fue todo lo contrario.

El año anterior a su nacimiento fue muy bueno para la familia. Vivíamos en la ciudad de Nueva York, donde nuestras dos hijas asistían a la escuela. Lucille, mi esposa, estaba embarazada. Yo había terminado mi entrenamiento en psiquiatría para adultos y niños, estaba vinculado con un buen hospital, y además tenía mi consultorio privado. Al igual que tantos psiquiatras jóvenes, yo anhelaba establecer mi propio estilo. Dos personas ejercieron gran influencia en mi vida profesional:

El doctor Harry Weinstock, eminente psicoanalista y mi promotor, siempre combinó la teoría con las ideas prácticas y concretas. De este hombre sin igual aprendí muchísimo, no solamente acerca de mi profesión, sino de la vida en general. El doctor Sol

Nichtern fue mi supervisor de estudios. Poco tiempo después de estar yo ejerciendo por mi cuenta, me asocié con él. El doctor Nichtern es ampliamente respetado en nuestra profesión como pediatra y como psiquiatra infantil. Dotado de bondad y de gran perspicacia, entiende el desarrollo del niño como ninguna otra persona. El me ha dado muchas lecciones, entre otras, la de ser sensible al hecho de que cada persona es única, y la de nunca subestimar los valores de la gente.

Jilliam nació en una fría mañana del invierno de 1974. Ese mismo día, la enfermera encargada de los recién nacidos exclamó: "¡Esta va a ser caprichosa!" Jilliam siempre estaba gritando, era irritable y no tenía hora predecible para comer ni para dormir. Ni siquiera Lucille, que es una madre experimentada, podía tranquilizarla. Pasar las noches en vela era cosa normal en nuestro hogar, y cuando Jillian cumplió seis meses de edad Lucille estaba agotada, y yo muy irritable, lo cual tampoco beneficiaba a las dos niñas mayores. El pediatra nos aseguró que la niña era normal; pero su comportamiento errático nos hacía dudar. Lucille logró establecer algún horario, asesorada por el doctor Nichtern, y con el tiempo logramos sortear la dura infancia de Jillian.

Con la continua dedicación de Lucille, Jillian comenzó a responder a horarios más predecibles a la edad de dos años; pero cada vez que se perturbaba, le daban unas pataletas interminables. Casi nunca encontrábamos la razón de estas reacciones extremadas; prácticamente, cualquier cambio de experiencia podía originar problemas: la hora de vestirla, de acostarla e inclusive de llevarla a pasear. Mi práctica clínica y profesional, desde luego, ayudaron bastante, pero muy a menudo yo reaccionaba como cualquier padre desconcertado. Cada vez era más difícil disciplinarla; pero, a la vez, nosotros fuimos gradualmente aprendiendo a aceptar, al menos en parte, su comportamiento.

Con la intención de entender mejor a mi hija y sus imprevisibles reacciones, estaba releyendo la obra *Temperament and Behavior Disorders in Children*, escrita por los doctores Stella Chess y Alexandre Thomas, que trata de su Estudio Longitudinal del temperamento, hecho en Nueva York, ¡cuando de pronto encontré todo ahí: la alimentación errática, la falta de sueño, el mal humor, las reacciones negativas ante lo nuevo, los problemas de cambio, los gritos, todo! Estudié el libro cuidadosamente, buscando pautas para el manejo de Jillian.

Durante los tres años siguientes, las cosas mejoraron, pero no del todo. Aún nos sorprendía, pero al menos entendíamos que su comportamiento era parte de su temperamento. Aprendimos a establecer rutinas cuando era posible, y Jillian comenzó a prosperar. Tratamos de evitar situaciones extrañas y poco familiares, pero, cuando eran inevitables, Lucille preparaba a la niña cuidadosamente. Poco a poco las cosas mejoraron. Jillian podía ser muy graciosa y tenía una fértil imaginación. Le encantaba disfrazarse y jugar con sus muñecas, y asistía a un jardín infantil cuidadosamente elegido donde las maestras eran comprensivas y cariñosas. Ahora Lucille podía disponer de más tiempo para sí misma.

Sin embargo, quedaban algunos problemas. Jillian era más indócil con Lucille que con otras personas; las pataletas en los parques y otros lugares públicos ocasionaban momentos de angustia; los buenos días pasados en el colegio terminaban en luchas en casa, y cuando lográbamos superar algunos obstáculos, perdíamos terreno en otro aspecto. Jillian podía ser dulce y suave en la tarde pero caprichosa y temerosa esa misma noche; podía estar contenta al ir a una fiesta de cumpleaños, pero una vez allí rehusar separarse de su madre. Jillian causó más problemas que las dos niñas mayores juntas, pero era tan interesante que nuestra vida nunca fue aburrida.

Mi enfoque profesional también cambió. Ya no veía los problemas del comportamiento en los niños como una reacción hacia sus padres o como una "etapa" de su desarrollo. Ahora me hacía cada vez más preguntas acerca del temperamento de los niños. ¿Cómo es realmente este niño? ¿Qué clase de persona es? ¿Es difícil de criar? ¿Cómo afecta el niño a su familia? Comencé a ver con claridad que muchos de los problemas entre padres e hijos *no* se originan solamente en los padres; por supuesto, la personalidad de los padres era importante y ejercía impacto en los hijos; pero se trata de una calle de doble vía, en que el tránsito fluye en ambas direcciones, y en muchos casos el aporte del niño merece más atención.

En 1981, Jillian se estaba desempeñando muy bien en la escuela primaria (ya hablaremos sobre su progreso al final del libro), y yo había descubierto que la experiencia que tuve como padre, junto con mi creciente especialización en asuntos relacionados con el temperamento, me permitieron trabajar con las familias de niños difíciles en una forma más significativa.

Al finalizar el año, mi amigo el doctor Herbert Porter organizó una charla sobre mi trabajo con los pediatras del hospital Lenox Hill de Nueva York. Le pedí a Lucille que participara y compartiera con ellos su experiencia como madre de una niña difícil. Esta presentación fue recibida con gran interés, y el director del hospital, el doctor Edward Davies, me animó a continuar mis esfuerzos por reunir más pediatras. Un año más tarde, el doctor Richard Bonforte, director de pediatria del Hospital Beth Israel, donde yo trabajaba como psiquiatra infantil, me invitó a dar otra charla. De nuevo participó Lucille. Se hallaba presente el presidente del hospital, el doctor Robert Newman; preguntó si las madres de niños difíciles se beneficiarían con la creación de grupos de apoyo. Allí comenzó a cristalizarse un plan: Un programa para familias de niños difíciles.

Yo podría proporcionarles evaluación y orientación a los padres, y Lucille podría dirigir los grupos de apoyo. En caso de necesitarse más ayuda, mi experiencia profesional me permitiría prestarles ayuda adicional a los miembros de la familia en forma individual, a la pareja o a la familia entera. Escribí el proyecto y se lo presenté al director del departamento de psiquiatría, el doctor Arnold Winston, quien lo aceptó de inmediato, y desde entonces ha prestado su apoyo en forma continua. Siempre le estaré muy agradecido.

Así nació el Programa para el Niño Difícil, tanto en el Hospital Beth Israel bajo el auspicio conjunto de los departamentos de psiquiatría y pediatría como en mi práctica privada donde tengo la ayuda de Lucille, quien coordina los grupos de padres. El programa se incrementó rápidamente. A mediados de 1984 teníamos tanto trabajo que comencé a entrenar a una nueva profesional, Carole Sands, en las técnicas y principios del trabajo con familias de niños difíciles. Ella se ha convertido en pilar importante del éxito del programa. Los grupos de apoyo de Lucille siempre aportan nuevas perspectivas, y los padres han expresado reiteradamente lo importante que han sido para ellos. Los padres participan activamente, y me han ayudado a mejorar mis ideas y a desarrollar nuevas técnicas.

Desde que comenzó el programa, he querido escribir un libro. En 1984 conocí a Richard y Leslie Curtis; él es agente literario y ella escritora. La casa editora Bantam Books mostró sumo interés, y al poco tiempo firmamos un contrato. Leslie Tonner (nombre profesional de Leslie Curtis) ha hecho un gran aporte con su experiencia como escritora, su rápida comprensión de los hechos y su habilidad para describir en forma realista las situaciones que viven a diario las familias con niños difíciles. El editor de Bantam, Toni Burbank, ha sido de gran ayuda.

Personalmente, en mi doble papel de padre y de

profesional, me he beneficiado enormemente escribiendo este libro. Espero aumentar con él los datos clínicos y prestarles ayuda a muchos profesionales que también estan en contacto con niños indóciles.

Pero, en último término, yo escribí este libro para ustedes, los padres. Mi mayor deseo es que les sirva de ayuda para que ustedes a su vez ayuden a sus niños a alcanzar todo su potencial. Espero que vean el futuro de sus hijos con el mismo anhelo y la misma confianza con que Lucille y yo vemos el de Jillian.

STANLEY TURECKI, M.D.

PRIMERA PARTE

ALGUNOS NIÑOS
NACEN DIFICILES

1
¿CONOCE USTED A ESTE NIÑO?

Por la noche, a Matthew le cuesta trabajo dormirse, y seguir luego durmiendo. Aunque tiene en su alcoba una lucecita tenue, una grabadora y un tocadiscos para oír música suave y una colección de muñecos, suele pasarse a la cama de sus padres varias veces durante la noche. Si es muy tarde, su madre lo deja subir; el esposo siempre le recuerda las desventajas que esto implica. Sin embargo, no han logrado suprimir el hábito del niño. Matthew no ha dormido bien desde su nacimiento y además tiene problemas con la alimentación. Su madre siempre ha tratado de darle alimentos buenos y nutritivos, pero él los rechaza diciendo que no le gustan. Lo que más le agrada son las bebidas gaseosas y las galletas, cosa que su madre le deja tomar porque "le da lástima". Es un niño serio e irritable. Nunca está visiblemente alegre o entusiasmado, aun cuando se muestra ansioso de agradar, y su madre se dedica mucho a él. Pero si ella o el padre intentan evitar que se pase a la cama por la noche, o si procuran que se siente a la mesa a comer, le dan las más ruidosas e interminables pataletas. Ellos hacen cualquier cosa para evitarlas, inclusive renunciar a la exclusividad de su alcoba. El problema ya es muy grande, pues se sienten controlados por Matthew, y hay mucha tensión en el matrimonio. Su hermano mayor, John, se queja de que nunca recibe la misma atención y de que Matthew no hace sino darle órdenes.

◆

"No puedo creer que éste sea mi hijo", dice con frecuencia la madre de Brian. El niño tiene cinco años y ha sido muy activo desde que comenzó a gatear. La madre es una persona muy ordenada, mas a pesar de todos sus esfuerzos, nunca logra tener la casa en orden. Aun cuando Brian les presta atención a sus rompecabezas y a la televisión durante algunos momentos, generalmente se mueve de un lugar a otro y no puede estarse quieto. Si llora o se ríe, lo hace a todo pulmón y se excita con facilidad, especialmente en un ambiente donde hay ruido y mucha gente o en los almacenes y supermercados muy alumbrados. Su madre siempre se sonroja por el comportamiento del niño en lugares públicos, y tiene la sensación de que es incontrolable porque "no escucha". No duerme mucho; es muy difícil lograr que se acueste, y les deja a sus padres poco tiempo para estar solos. Los maestros del jardín infantil dicen que causa problemas y han insinuado que es "hiperactivo" porque siempre se está moviendo y en ocasiones pierde el control. El pediatra, cuyo consultorio es ruidoso y lleno de gente, ha sugerido la posibilidad de suministrarle alguna droga. El psicólogo no considera que sea hiperactivo, pero menciona que posiblemente tiene "problemas de atención" y sugiere que se investigue la posibilidad de que tenga "dificultades de aprendizaje". Sus padres, especialmente su madre, están confusos y preocupados. El niño dice: "Yo soy malo", y su ánimo alegre ha ido cambiando por una actitud colérica y arrogante.

◆

Isabel es una niñita encantadora de cuatro años, de ojos verdes, rizos dorados y cutis marfileño. Generalmente es una niña muy dócil que juega sola y se acuesta a dormir sin mucho alboroto. Tiene sus amigos y se desempeña bien en la escuela. Cualquiera diría que es la niña modelo, pero su madre no piensa lo mismo. "No sé que será lo que le pasa", dice. "Es encantadora pero cuando se le mete en la cabeza que no quiere ponerse algo, o comer, o hacer cualquier cosa, no hay quien la haga cambiar de opinión. Es la niña más terca que he conocido y si llego a insistirle, le da una pataleta". ¿Qué la pone así? "No le gusta ponerse nada que no sea lila o rosado", dice su madre desesperada. "Tampoco le gustan los cuellos altos, los overoles ni las medias". ¿Por qué rechaza estas prendas? Según su madre, "le molestan". Por consiguiente, Isabel tiene en un armario solamente ciertas prendas: nada de medias, solamente mallas;

camisas sueltas, pantalones de cinturón flojo. Su madre no puede comprarle ropa sin su consentimiento porque de otra manera la rechaza. Así, esta señora, que gusta de la moda y el buen vestir, se ha quedado con cantidades de ropa que no puede usar. Isabel también rechaza muchos alimentos, y solamente acepta los que más le gustan. Si sus padres desean llevarla a un restaurante tiene que ser a uno en que sirvan pollo frito y mantequilla de maní con mermelada. Como si fuera poco, Isabel se queja constantemente de que las cosas no se ven o no se sienten bien, o que huelen mal. Su madre gasta tiempo extra tratando de encontrarle comida, ropa y juguetes que no molesten a la niña. Su encantadora hija la está desesperando. Cada día que pasa, Isabel se pone más irritable y más exigente con su madre.

◆

A Rachel la llama su padre "la reina" porque "esta niña siempre se sale con la suya". El no logra entender por qué su esposa siempre acaba por darle gusto. "Creo que la niña hace esto para llamar la atención", dice su padre. En realidad, Rachel es una niña retraída ante cualquier situación nueva o ante personas extrañas; se pone a llorar y se aferra a su madre. Su padre tiene la impresión de que su esposa le fomenta este comportamiento: "La próxima vez dale una nalgada", suele insistir. Rachel no se limita a llorar y a aferrarse a la mamá; también le dan paletas una que otra vez en lugares públicos, y su madre, incapaz de controlarla, observa impotente mientras la niña hace una escena. El simple cambio de una actividad a otra origina largas batallas, como por ejemplo dejar la televisión para ir a la mesa a cenar, ponerse el abrigo para salir o dejar el sitio de juego. A eso de las tres de la tarde la mamá a de Rachel está agotada y acaba por ceder a sus caprichos o la castiga, según lo cansada que esté. Ella considera que no le presta atención suficiente a su otra hija, que tiene un año de edad. A Rachel hay que atarle los cordones de los zapatos a cada rato; no logra decidir qué ropa se va a poner, y rechaza cualquier alimento que no le sea familiar. Sus padres la consideran terca y voluntariosa. Cuando quiere algo, insiste hasta el cansancio. No admite que le digan "No". Cuando no está luchando con su madre, se aferra a ella y parece temerosa. El médico les pronosticó que a los dos años Rachel sería "terrible"; pero ya tiene tres y medio y no hay ninguna mejoría en perspectiva. El padre de Rachel no entiende cómo una niña tan pequeña puede causar tantos problemas, y culpa a la madre. Esta, por su parte, se irrita y se siente incapaz y víctima de la situación.

◆

Si ustedes reconocen a su hijo en uno de estos cuadros, o si por cualquier otro motivo consideran que es un niño difícil, vale la pena que tenga en cuenta estos puntos:

- ***Los niños difíciles son normales.*** No tienen perturbaciones emocionales, problemas mentales ni lesiones cerebrales. Algunos familiares bien intencionados pueden haberles insinuado a ustedes que "algo anda mal", y esto los tiene preocupados. Sin embargo, hay que adoptar una nueva perspectiva: "difícil" es muy distinto de "anormal".

- ***Los niños difíciles son así por carácter congénito.*** Esto equivale a su *temperamento*. Ellos no son así porque los padres los hayan hecho de esa manera. Ustedes no tienen la culpa, y el niño tampoco. El no nació así por su propia voluntad.

- ***Los niños difíciles son difíciles de criar.*** Por supuesto, esto ya lo saben ustedes. Acéptenlo como un hecho de la existencia, y así podrán acomodarse mejor. Su hijo es *así*, y si ustedes logran aprender más sobre su temperamento, podrán controlarlo mejor. Así su educación será muchísimo más fácil.

- ***No todos los niños difíciles son iguales.*** El cuadro varía de acuerdo con las áreas de temperamento que entren en juego. Los niños difíciles van desde los relativamente dóciles con algunos aspectos difíciles, hasta los muy difíciles, incluso imposibles.

- ***Los niños difíciles hacen que sus padres se irriten, o se sientan incapaces o culpables.*** Estos sentimientos pueden generar uno de los problemas más graves que existen con niños difíciles: la disciplina ineficaz. Los padres sienten que han perdido su autoridad y que el niño ya no los escucha. Esto los lleva a redoblar los esfuerzos disciplinarios sin resultado alguno.

- *Los niños difíciles pueden crear tensiones matrimoniales, discordias familiares, problemas entre hermanos y, con el tiempo, pueden llegar a presentar sus propios problemas emocionales.*

O bien:

- *Los niños difíciles pueden convertirse en niños positivos, entusiastas, e inclusive en individuos muy creativos, si los manejan bien cuando jóvenes.* Enseñarles a los padres estos aspectos es la finalidad de este libro.

El primer punto — el más fundamental — que ustedes deben entender sobre su niño es el del temperamento, y la forma en que los rasgos temperamentales moldean su comportamiento desde temprana edad.

¿QUÉ ES EL TEMPERAMENTO?

El temperamento es el estilo de comportamiento natural e innato de cada individuo. Es el *cómo* del comportamiento y no el *porqué*. No debe confundirse con la motivación. No deben ustedes preguntarse: "*¿Por qué* se comporta así cuando no le damos una galleta?" sino: "Cuando no le damos una galleta, *¿cómo* expresa su desagrado? ¿Hace pucheros? ¿Llora y se queja? ¿Patalea y grita?" Este tipo de comportamiento es innato y no lo produce el medio. El medio — y la reacción nuestra como padres — puede influir en el temperamento, pero no es la causa de las características temperamentales.

Cada niño tiene su propio temperamento, formado por una constelación de nueve características o rasgos, que fueron definidos por primera vez por los doctores Alexander Thomas, Stella Chess y Herbert Birch de la Universidad de Nueva York, en su Estudio Longitudinal de Nueva York. El proyecto, que comenzó en 1956 y continúa aún, ha seguido la trayectoria de 133 personas desde su infancia hasta la temprana edad adulta. Su objetivo es identificar las características temperamentales de cada niño y estudiarlas a medida que los pequeños evolucionan e interactúan con su medio. Los nueve rasgos temperamentales son:

1. **Nivel de actividad.** ¿Cuán activo es el niño generalmente desde temprana edad?

2. **Distracción.** ¿Con cuánta facilidad se distrae el niño? ¿Puede prestar atención?

3. **Persistencia.** ¿Persiste el niño con algo que le gusta? ¿Cuán persistente o testarudo es cuando quiere algo?*

4. **Adaptabilidad.** ¿Cómo reacciona el niño a las transiciones y al cambio?

---

* Para simplificar, incluyo el comportamiento de esta clase en *poca adaptabilidad*: la lista de rasgos temperamentales difíciles que se emplean a lo largo de este libro no incluye la *persistencia*.

5. *Acercamiento/Retraimiento (rechazo).* ¿Cuál es la reacción inicial del niño ante cosas nuevas, v.g. lugares, personas, comida, ropa?

6. *Intensidad.* ¿Cuán ruidoso es el niño, bien sea que se sienta feliz o que se sienta desdichado?

7. *Regularidad.* ¿Cuán previsible es el niño en sus horas de sueño, apetito y movimientos intestinales?

8. *Sensibilidad.* ¿Cómo reacciona el niño a estímulos sensoriales: ruidos, luces fuertes, colores, olores, dolor, calor, sabores, la textura de la ropa? ¿Se molesta con facilidad? ¿Es hipersensible generalmente?

9. *Estado de ánimo.* ¿Cuál es su estado de ánimo básico? ¿Predominan las reacciones positivas o las negativas?

Estudiando estos nueve rasgos, es posible clasificar el temperamento de cualquier niño por áreas que van desde muy dócil hasta muy difícil.

Tomemos por ejemplo el nivel de actividad innato. En términos generales, cuanto más activo sea un niño, más difícil será controlarlo. Obviamente, cuantos más rasgos estén hacia el sector difícil, más complicada será la crianza.

EL NIÑO TEMPERAMENTALMENTE DIFICIL

En términos generales, cualquier niño puede evaluarse en cada área de la siguiente manera:

RASGO TEMPERAMENTAL	DOCIL	DIFICIL
Nivel de actividad	Bajo	Alto
Distracción	Baja	Alta
Adaptabilidad	Buena	Mala
Acercamiento/Retraimiento (rechazo)	Acercamiento	Retraimiento
Intensidad	Baja	Alta
Regularidad	Regular	Irregular
Umbral de sensibilidad	Alto	Bajo
Estado de ánimo	Positivo	Negativo

De acuerdo con el número de rasgos que se incluyan en el sector difícil del cuadro, y según la medida en que el comportamiento resultante se convierta en un problema para los padres, el niño podrá clasificarse así:

• *Básicamente fácil pero con algunas características difíciles*: Los padres le hacen frente a la situación pero necesitan algunas técnicas de manejo y principios de disciplina.

• *Difícil*: El niño es difícil de criar y hay tensión en la madre y en la familia.

• *Muy difícil*: Tanto la familia como el niño tienen problemas.

• *Imposible, un "mata-madres"*: Con este término gráficamente descriptivo se explica todo.

ENTONCES ¿POR QUE DICE QUE ES NORMAL?

Si usted tiene un niño verdaderamente difícil estará pensando: ¿Cómo es posible que se comporte así y sin embargo sea normal?

Estoy convencido de que una persona no tiene que ser necesariamente de tipo promedio para considerarla normal; y tampoco es anormal simplemente porque es difícil. Para mí, la anormalidad implica la presencia de algún trastorno claramente diagnosticable. Todos los humanos son diferentes, y hay muchas características y comportamientos que entran en la gama de lo normal. No consideramos que los niños pelirrojos sean anormales simplemente porque son pocos en proporción con los de cabello castaño, o porque tienen pecas y son más sensibles al sol.

Además, hay más niños difíciles de lo que se pueda suponer. En el Estudio Longitudinal de Nueva York se identificó un 10% de niños normales entre los que se estudiaron como difíciles. Además, los autores no incluyeron el alto nivel de actividad, la distracción y el bajo umbral de sensibilidad en su definición de niños difíciles. Un cálculo conservador es que otro 5% de los niños estarían en la categoría de difíciles si se tuvieran en cuenta esos rasgos. Así, pues, podemos decir que aproximadamente el 15% de los niños menores de seis años son temperamentalmente indóciles y de difícil crianza. De acuerdo con las estadísticas actuales, en los Estados Unidos hay de dos a tres millones de niños difíciles. Si introducimos ahora el concepto del niño que es básicamente dócil pero con algunos rasgos de niño difícil, la cifra será mucho más alta.

¿QUE CAUSA EL TEMPERAMENTO DIFICIL?

Nadie sabe a ciencia cierta cuál es la causa. Hay, definitivamente, algún factor genético, como en la transmisión del color del cabello y de los ojos. Con frecuencia les digo a los padres que asisten al programa: Pregúnteles a los padres de usted: "¿Cómo era yo cuando pequeño?" Muchos han quedado sorprendidos cuando sus padres han identificado características similares a las que ellos identifican ahora en sus hijos. Esto parece indicar que la herencia cumple un papel importante, dato que se corrobora con los estudios realizados en gemelos, aun cuando no podemos decir que haya transmisión directa de cada característica de padres a hijos.

El papel que desempeñan los factores durante el embarazo no es claro. En niños que tienen alto nivel de actividad, particularmente aquéllos con diagnósticos de "problemas de atención" o "hiperactividad", se encuentra un alto porcentaje de complicaciones durante el embarazo y el parto. Y un alto porcentaje de estos niños son varones.

No hay ninguna relación entre temperamento e inteligencia. Los niños difíciles pueden tener desempeño intelectual bajo, regular o superior.

Una relación muy interesante, aun cuando falta estudiarla, es la que hay entre el temperamento difícil y las alergias, especialmente a los alimentos. Ciertos niños difíciles son alérgicos a la leche y más adelante tienden a padecer infecciones de oído y garganta. Algunos padres encuentran una correlación entre episodios particularmente difíciles y la ingestión de ciertos alimentos, especialmente los que contienen mucha azúcar o aditivos artificiales. Aun cuando algunas investigaciones indican una posible relación entre la dieta y el comportamiento en algunos niños, las afirmaciones de quienes apoyan esta teoría se consideran generalmente exageradas.

Sin embargo, les aconsejo a los padres que no se empeñen en buscar las causas. Lo que deben recordar es que no hay ninguna prueba de que la forma en que crían a sus hijos es la *causa* de su temperamento difícil. Cualesquiera que sean los factores, todos los niños, incluyendo los difíciles, son individuos tanto en sus características físicas y habilidades como en su temperamento.

¿ESO SIGNIFICA QUE MI NIÑO NO HACE ESTO A PROPOSITO?

Exactamente. El niño no es "necio" con el propósito de ganarle la partida a sus padres, pero infortunadamente es común en los padres atribuirles motivos a sus hijos, especialmente si están desconcertados por su comportamiento. Lois, una madre joven, se inquietaba mucho todas las noches al preparar la cena porque nunca sabía si su hija Marcie la aceptaría o no. Empezó a creer que cuanto más se esforzaba en preparar una comida suculenta que le gustara a la niña, más se empeñaba ésta en rechazarla porque sabía lo duro que había trabajado su madre. Lois no se había dado cuenta de que al final de cada día a Marcie le daba hambre a diferentes horas: una noche a las siete, la siguiente a las nueve, luego a las cuatro y media de la tarde. El *apetito irregular* de Marcie no le permitía sentarse a comer a la misma hora todos los días. Ella no quería fastidiar a Lois; simplemente no sentía ganas de comer siempre a las seis de la tarde. Por supuesto, si Lois armaba problemas cada vez que Marcie debía sentarse a comer, la niña se daría cuenta de que no comer era un arma para lograr lo que quisiera: así, la motivación apareció en la escena. Los niños difíciles tienden a encerrarse en ciertos patrones de comportamiento, y los padres hacen otro tanto en sus reacciones. Esto puede hacer que los rasgos se hagan todavía más marcados en el niño.

Considérese el caso de Evan, un niño que expresó el deseo de aprender a patinar. Su padre, con la intención de darle gusto porque el niño no solía mostrar interés ni gusto por nada, hizo hasta lo imposible por comprarle el mejor par de patines del mercado. Apenas se los entregó, Evan se retiró a su cuarto casi sin responder palabra. El padre se puso furioso: "¿Cómo puede hacerme esto? ¡Fui a cuatro tiendas hasta conseguirle los mejores patines de la ciudad!" Cuando Evan vio tal reacción de su padre, lanzó los patines contra el suelo y se puso a gritar y a llorar. El padre no entendió que la actitud de su hijo se debía a su *estado de ánimo negativo* y que en él, una leve manifestación de alegría es equivalente a la escandalosa felicidad de otro niño. Evan *no* hizo esto intencionalmente porque su padre se hubiera esforzado tanto por conseguirle los patines; es que él es así. Sin embargo, si su padre continúa reaccionando con furia, el ánimo negativo de Evan terminará por empeorar.

EL CIRCULO VICIOSO

Los niños difíciles crean con su comportamiento lo que podríamos llamar un efecto de ondas en su medio. Al igual que las ondas creadas por una piedra que se tira al agua, el impacto del niño se expande cada vez más, afectando primero a la madre, luego a la familia y finalmente a todo el medio que le rodea: los parientes, los vecinos y el colegio, aun cuando los efectos disminuyan a medida que se amplía el círculo.

Los niños difíciles no solo afectan a su propio ambiente sino que se ven afectados por las respuestas de las personas que los rodean. Si los padres no entienden a su hijo, mal pueden aplicar con éxito los métodos de crianza y disciplina tradicionales. Las madres se irritan y se sienten culpables. Los padres pierden autoridad; la disciplina ineficaz dificulta aún más el comportamiento del niño, con lo cual aumentan los enfrentamientos. Con el tiempo, la familia entera se ve envuelta en este círculo vicioso, y hasta cierto punto también las otras personas que interactúan con el niño.

LOS EFECTOS SECUNDARIOS

¿Cómo afecta esto al niño? Aquí debemos introducir el concepto de los efectos secundarios. Como resultado de la continua fricción entre el niño difícil y sus padres, el pequeño puede desarrollar otros problemas nuevos. Generalmente estos niños se muestran más apegados y temerosos que los demás niños de su edad. Quizá tengan pesadillas con frecuencia o parezca que sus sentimientos se hieran fácilmente; o quizás actúen con enfado todo el tiempo.

El efecto secundario que más me preocupa es el problema de auto-imagen que se puede formar en algunos de estos niños. En ocasiones parecen no gustarse a sí mismos. A veces dicen: "Yo soy malo". Esta falta de amor propio también se manifiesta de otras maneras. Muchos de estos niños tienen la meta de ganar siempre o de salir adelante y con frecuencia hacen trampa en los juegos. Son perfeccionistas y se frustran con facilidad. Se disgustan consigo mismos por pequeñeces o se desilusionan por cosas sin importancia.

Tal comportamiento *no* está determinado por el temperamento sino que, generalmente, se encuentra en niños difíciles que han sido mal llevados en sus hogares. Una vez que los padres cambian de estilo y mejoran la atmósfera familiar, también mejora el comportamiento secundario. En otras palabras se trata de una *reacción* al círculo vicioso y no indica problemas emocionales más serios.

Pero si el círculo vicioso continúa, el niño se verá afectado a un nivel más profundo, y son precisamente estos problemas emocionales y de comportamiento los que tratamos de evitar. Este tipo de *prevención primaria* de problemas futuros en el niño y la familia es tal vez el objetivo principal de este libro.

¿COMO SON LOS NIÑOS DIFICILES A DIFERENTES EDADES?

La expresión temperamental del niño difícil varía con la edad. Algunos rasgos no aparecen en la infancia y otros se intensifican con la edad. El círculo vicioso y los efectos secundarios también aumentan con la edad. Aquí presentamos algunos ejemplos de rasgos difíciles a diferentes edades. Recuerde que su hijo no presenta todas estas características y que no todas las características se presentan en cada situación.

Niños hasta de 12 meses

Aún no empiezan las luchas por el poder entre madre e hijo, mas este período se puede caracterizar por cansancio, tensión matrimonial y algo de tensión familiar. La mayoría de los padres de niños muy difíciles piensan que algo anda mal con el bebé. Algunos padres en busca de una solución, deciden cambiar de pediatra.

- *Nivel de actividad alto*. Bebé incansable, intranquilo y muy vigoroso.
- *Mala adaptabilidad*. Reacciona mal a los cambios en la rutina.
- *Retraimiento (o rechazo) inicial*. Protesta cuando le presentan nuevos alimentos, lugares o personas.
- *Alta intensidad*. Grita cuando está afligido o contento. "Bebé escandaloso".
- *Irregularidad*. Es difícil establecer horarios de alimentación y sueño. Es un bebé "imprevisible".
- *Bajo umbral de sensibilidad*. Se molesta fácilmente con ruidos, luces y la textura de la ropa. Niño sensible, "nervioso".
- *Estado de ánimo negativo*. Molesta, lloriquea o llora. Un bebé "desdichado".

Para una descripción más detallada de bebés difíciles, véase el capítulo 10.

Niños de 12 a 36 meses

El niño es más difícil de controlar. Esta es la "terrible edad de los dos años", pero peor. Todos los niños pasan por un período de negatividad y es muy difícil manejarlos a esta edad. Mucho tiene que ver con el desarrollo de la identidad del niño, pues son sus primeros intentos por identificarse independientemente de su madre. Todos los niños pasan por esta etapa, pero con un niño difícil no es "apenas una etapa": Es la expresión de su temperamento. Aumentan las respuestas paternas negativas, la tensión familiar y la tensión marital.

- *Alto nivel de actividad.* Se hace más notorio a medida que el niño se mueve más; los padres dicen comúnmente: "Corrió antes de caminar". El niño extremadamente activo siempre está en movimiento y la casa debe estar a prueba de niños porque siempre se está metiendo en alguna cosa. Se sobreexcita y pierde el control. Es impulsivo y detesta que lo limiten en su espacio. Su comportamiento es observable en la guardería infantil, con sus amigos o en público.

- *Distracción.* El niño tiene dificultad para concentrarse y parece no "escuchar". Esto es bastante común en niños de dos años, pero aquí es cuestión de grado. El niño no puede concentrarse ni siquiera por cortos períodos de tiempo.

- *Mala adaptabilidad.* El niño se acostumbra a ciertas cosas y no las quiere dejar. Es terco. El rechazo al cambio puede manifestarse con la ropa, los alimentos o ciertos juguetes. Es inflexible. Se "encastilla". Le cuesta trabajo cambiar de actividad (por ejemplo, no quiere ir al parque, pero cuando es hora de regresar a casa tiene que protestar); cuando quiere algo, sigue llorando si no se lo dan.

Esta renuencia a ceder y la incapacidad para avanzar podrían llamarse "persistencia negativa". Sin embargo, para mayor sencillez, incluyo tal comportamiento en mala adaptabilidad. También tiene un aspecto positivo: Los niños persistentes se mantienen un buen tiempo en actividades que les gustan, v.g. ladrillitos de construcción o rompecabezas, y eso es un alivio para los padres.

También explica una paradoja que siempre desconcierta a los padres: el niño distraído (cuando no le gusta una actividad) es muy persistente, ya sea en lo positivo o en lo negativo (cuando verdaderamente quiere una cosa).

• *Retraimiento (o rechazo) inicial.* La primera reacción del niño ante extraños, lugares nuevos o la nueva niñera — cualquier experiencia nueva — es de retraimiento. El comportamiento característico es de aferrarse y no hablar. Inclusive puede darle una pataleta. Puede rechazar la comida y la ropa nueva.

• *Alta intensidad.* Esto se hace evidente en el volumen al llorar, al reír y en la excitabilidad. La casa nunca está en silencio.

• *Irregularidad.* Siguen los problemas de alimentación y sueño de la infancia, pero ahora la batalla a la hora de dormir se hace más aguda. No se pueden establecer horarios para dormir porque nunca está cansado a la misma hora. Es posible que se despierte durante la noche y con frecuencia se pasa a la cama de sus padres. La irregularidad en el apetito parece ser a propósito y entrenarlo para ir al baño es difícil. Sus estados de ánimo cambian repentinamente.

• *Bajo umbral de sensibilidad.* Hay luchas y pataletas porque la ropa "no la siente bien". Hay que amarrarle los cordones de los zapatos constantemente y hay que quitarle la marca de fábrica a la ropa. Puede haber sensibilidad extrema a los ruidos, las luces o los olores. El niño nota cambios menores en el sabor de la comida. Le da histeria por pequeñas cortaduras o golpes. Rehúsa ponerse abrigo en pleno invierno diciendo que hace mucho calor; o tal vez decide andar en ropa interior por toda la casa. Se excita fácilmente en lugares concurridos.

• *Animo negativo*. El estado de ánimo básico del niño es serio, hosco y caprichoso; no expresa placer abiertamente y parece un niño desdichado.

Generalmente las madres de niños difíciles en esta edad los describen como tercos y contradictorios. Las luchas con los padres son comunes, y las pataletas duran un buen rato. Los padres generalmente pasan vergüenza en público.

Niños de tres a seis años

Los padres esperan que a los tres años de edad el niño sea más manejable. Sin embargo, el niño indócil es precisamente lo contrario. El círculo vicioso se hace más evidente en la familia, y el niño muy difícil sufre problemas secundarios. Lloriquea, se queja y exige cada vez más atención. Empiezan a notarse los problemas de auto-imagen y su comportamiento se hace bien diferente del de los demás niños. Un niño de cuatro años armando una pataleta en público es más notorio que uno de dos.

Su ingreso al jardín infantil les causa nuevas angustias a los padres. El niño que es muy activo y distraído tiene dificultad para estarse quieto, prestar atención o hacer fila. Sus impulsos y su falta de control originan problemas con los maestros y condiscípulos. Los niños poco adaptables encuentran difícil compartir y cambiar de actividades, y los que inicialmente se retraen, se aíslan y no participan con los demás. Los niños con bajo umbral de sensibilidad se visten con la misma ropa día tras día o se ponen cosas raras que los hacen verse "diferentes". Es mucho más fácil controlar a estos niños en la escuela que en la casa.

¿COMO INTERACTUAN ESTAS CUALIDADES TEMPERAMENTALES?

Los niños difíciles son así en varias áreas del temperamento, y estos rasgos están relacionados. Veamos un ejemplo de cómo tres áreas del temperamento se pueden relacionar.

La madre está muy feliz; logró conseguir un par de jeans del color favorito de su hija: lila. Cuando llega a casa se los entrega a la niña convencida de que le van a gustar, pues es muy exigente con la ropa. La primera reacción de la niña es: "¡No me gustan!" *(rechazo inicial)*. Su madre se sorprende pero oculta su desilusión y decide no forzar a la niña, de modo que deja los jeans en la alcoba de ésta y se retira a la cocina. Pasada una hora, la niña le dice a su madre que los jeans sí son bonitos, después de todo. Simplemente no quiere quitarse los que ya tiene puestos para probarse los nuevos.

— Mamá, estos jeans sí me gustan.

— Entonces ¿por qué no te los pruebas? — sugiere la madre.

— Porque me gustan más los que ya tengo. No estoy acostumbrada a los nuevos — responde la niña *(mala adaptabilidad)*.

Al final del día, la niña decide quitarse los jeans viejos y probarse los nuevos. La madre está encantada, y a la niña le gustan. Ella le ayuda a subir la cremallera pero, de pronto, la muchachita hace una mueca y dice: "No me quedan bien. No me gustan. Están muy duros y me los quiero quitar" *(bajo um bral de sensibilidad)*.

La niña de este ejemplo rechaza las situaciones nuevas, tiene poca adaptabilidad y un bajo umbral de sensibilidad que la hace sensible a cómo se sienten las cosas. El primer problema es que los jeans son n*uevos*. Cuando la niña los acepta es incapaz de acomodarse a la idea de *mudarse*. Una vez que hace el intento, los encuentra tiesos, aplanchados y almidonados... muy diferentes de los jeans viejos y cómodos que tenía. La reacción de esta niña es similar si se le ofrece un nuevo alimento o se le lleva a un lugar que no conoce. La interacción de las características temperamentales puede originar muchas situaciones tensas: el niño aumenta su disgusto por la interacción de reacciones, y a su vez los padres se sienten enfadados y frustrados. Siempre es de ayuda reconocer que estos comportamientos tienen *razones* que los originan.

Los padres necesitan buscar las causas fundamentales y temperamentales al enfrentarse al comportamiento difícil de su hijo. Hay que recordar que el comportamiento se puede relacionar con un rasgo difícil o con una interacción de rasgos difíciles. Observemos, por ejemplo, una pataleta para ver sus posibles causas fundamentales.

La madre le compra a su niña un helado en un día muy caluroso. Es del sabor preferido de la niña: menta y chocolate, y ella lo toma con ansiedad. La madre paga el helado y salen a sentarse en un banco al frente del expendio. La niña empieza a comerse su helado con gusto. De pronto se da cuenta de que ha empezado a derretirse y a caerle en la mano. Dando un alarido, lo tira al suelo y se pone a gritar y llorar; le da tremenda pataleta.

Otra niña sufre una leve cortadura y comienza a sangrar casi imperceptiblemente. Su primera reacción es llorar histéricamente. Una vez que se le ha curado la herida, sigue llorando durante una hora.

Otro niñito quiere un cochecito especial para su cumpleaños, uno que tenga puertas y baúl que se abran. El regalo que le dan sus padres es otro coche más caro aún, pero solamente se abren las puertas. El niño trata de abrir el baúl, y, como no puede, le da una pataleta.

En los tres casos anteriores, los niños se perturban con facilidad *(ánimo negativo y bajo umbral de sensibilidad)*, pero el rasgo que puede relacionarse con las pataletas es la mala adaptabilidad. Estos niños tienen muy poca capacidad para adaptarse a situaciones diferentes de las esperadas. El helado que se derrite, la cortadura y el cochecito de otro modelo les hacen perder el equilibrio. Como tienen la mente fija en una idea — el helado que no se derrite, el dedo sin herida y el coche con baúl que se abre — no pueden cambiar sus expectativas fácilmente. Las pataletas duran largo tiempo porque así como se encastillan en una actividad agradable, también se encierran en sus reacciones desagradables. ¿El resultado? Pataletas interminables.

¿ES MI HIJO REALMENTE DIFICIL?

Para juzgar si su hijo es *temperamentalmente* difícil, pregúntese en primer lugar si su comportamiento ha existido desde el comienzo. Como hemos visto, el temperamento se manifiesta a temprana edad y es *parte* del niño, no una respuesta a algo externo. Así, su hijo no es temperamentalmente difícil si:

- se *vuelve* difícil entre los 18 y los 24 meses.
- sus problemas de comportamiento han resultado recientemente como respuesta a una sepa ración o divorcio, nacimiento de un nuevo bebé, un viaje, enfermedad o el comportamiento de sus amiguitos.
- su comportamiento es el resultado de algún problema que ha sido diagnosticado por un profesional. Puede incluir: autismo, en el cual el niño no se identifica con otras personas y tiene serios retardos en el desarrollo del lenguaje; daño cerebral evidente desde el nacimiento o como resultado de un trauma o enfermedad; o cualquier trastorno

mental o físico grave que el pediatra y los mismos padres pueden detectar.

Una palabra acerca de niños retardados: Estos están por debajo de cierto nivel en las pruebas de inteligencia. Sin embargo, estos niños también son individuos con su propio temperamento, y si son difíciles, también se pueden beneficiar con un programa de mejoramiento.

"HIPERACTIVIDAD"

A muchos padres les dicen que sus hijos son hiperactivos. En el capítulo 4 trataremos este problema, pero hay que señalar desde ahora que la palabra "hiperactivo" ha perdido mucho de su significado. La medida de actividad, así como otros rasgos del temperamento, va de dócil a difícil. En un extremo encontramos al niño de baja actividad y en el otro, el extremadamente activo. En algún lugar intermedio un niño puede diagnosticarse como "hiperactivo", lo cual depende de quién haga el diagnóstico. Todos los niños denominados hiperactivos son difíciles en otras áreas del temperamento, y no solamente en el nivel de actividad.

Llámense niños difíciles con alto nivel de actividad o niños "hiperactivos", las técnicas para lidiar a estos niños son las mismas que se emplean con cualquier niño difícil. Algunos tienen otros problemas como retraso en el lenguaje, problemas motores o indicios de dificultades en el aprendizaje. En estos caos es importante investigar más a fondo, pero los principios para entender y controlar su *comportamiento* son los mismos.

LOS PADRES DE NIÑOS DIFICILES

Los padres de niños que presentan algunos rasgos difíciles se sienten un tanto confusos y, aun cuando hacen frente a la situación, piensan que no lo hacen bien. Los padres de niños más difíciles se hallan más confusos y se sienten culpables, ofuscados e incompetentes. Los padres de niños imposibles o "matamadres" andan agotados, deprimidos, a la defensiva y tienen problemas maritales.

¿Cómo ha cambiado la vida de ustedes con la presencia de este niño? ¿Cuáles son sus sentimientos? Cuanto más difícil sea el niño, más riesgo tienen ustedes de caer en el círculo vicioso y en el efecto de onda, un efecto directo sobre su vida tanto en el hogar como fuera de él. ¿Cuántas veces se han sentido ustedes culpables e incompetentes? ¿Cuántas veces les ha hecho pasar vergüenza su hijo? ¿Cuántas veces se han sentido solos?

Recuerden que no están solos. Hay entre dos y tres millones de niños difíciles en los Estados Unidos y muchos más con características similares. Sus padres se sienten lo mismo que ustedes, y necesitan saber qué hacer. Este libro les ayudará a ustedes y a ellos a controlar su hijo difícil, a mejorar la vida en el hogar, a impedir que surjan problemas emocionales y a mantener la unión del matrimonio y la familia.

Esto se consigue entendiendo el niño y cambiando su manera de tratarlo.

Reitero: el temperamento del niño no es culpa de nadie. Con un poco de conocimiento y comprensión, ustedes podrán ser unos expertos en el comportamiento de su niño y, con esa experiencia, podrán afirmar sus papeles de padre y de madre. Esto le brindará al niño una verdadera oportunidad de lograr su potencial. Se sorprenderían ustedes si supieran cuántos niños creativos y encantadores fueron también niños "difíciles".

2

MADRES SITIADAS

La impresión más fuerte que transmiten las madres de niños difíciles es que no logran desempeñar su papel a cabalidad. Estas madres están en la línea de fuego todos los días, y son ellas quienes sufren más. Piensan que no ejercen ningún control en sus hijos o, peor aún, en su propia vida. Cuando observamos a una de estas madres tratando de lidiar a su hijo en un momento de agitación, da la impresión de ver a dos niños en pleno combate.

"No logro que me escuche", dice la madre. "No sé cómo controlarlo". "Ya se me está acabando la paciencia". "No creo que me lo aguante más". "Siempre pierde el control". "¡Me saca de quicio!"

En un caso extremo, una de las madres llegó al Programa del Niño Difícil la víspera de firmar los papeles mediante los cuales entregaría a su hijo en adopción. Sentía que no podía vivir más con la tensión que estaba acabando con su vida, su matrimonio y su relación con su otro hijo. Este sufrimiento es casi inimaginable. La falta de una disciplina eficaz puede afectar inclusive a las madres de niños que no son tan difíciles. Para vencer estas situaciones hay que entender cómo se originan.

EL CONCEPTO DE "ACOPLE"

Los profesionales de la salud mental hablan de la relación entre padres e hijos en términos de "buen acople". Este acople se refiere a la bondad de la interacción entre el ambiente y el niño, especialmente con la familia y, naturalmente, con quien lo cuida la mayor parte del tiempo: casi siempre la madre. Con los niños relativamente dóciles, de familias normales, casi siempre hay un buen acople. Esto es algo que influye poderosamente en el desarrollo del niño.

Hay dos tipos de acople: el emocional y el de comportamiento. Un buen acople *emocional* significa que a la madre le gusta el niño y se siente cómoda con él. Uno encuentra casos de buen acople emocional en los cuales la madre es muy tranquila y el hijo muy excitable pero a ella le agrada la *personalidad* de éste. Así fue en el caso de una madre que se sentía agotada y desesperada por el comportamiento casi imposible de su hija pero que podía disfrutar y compartir el interés de la chiquilla por las modas y la ropa. La personalidad de la niña, sin considerar su temperamento, era algo que le gustaba a su madre.

El acople emocional se puede entender al observar

la diferencia entre amar a un niño y gustar de él. Casi todos los padres aman a sus hijos, pero no a todos les *gustan*. Del gusto depende que hay buen acople con los padres. Si a uno no le gusta su hijo, la tarea de padre o madre es más difícil aún.

Luego viene el acople de *comportamiento:* ¿Cuán aceptable es el comportamiento del niño para sus padres? Un niño muy activo se acopla mejor en un hogar informal que en uno donde las exigencias son estrictas. Si los padres insisten en exhibir todos sus tesoros y quieren que el niño no toque nada, habrá bastantes conflictos que podrían evitarse si los padres simplemente guardaran sus cosas o no se preocuparan de los daños. Un niño muy activo estaría mejor en una familia cuyos requisitos sean más flexibles. Por consiguiente, si el ambiente general está de acuerdo con el niño, el acople de comportamiento será mejor.

El problema con los niños difíciles es que hay mal acople. El ánimo negativo y la poca adaptabilidad son aspectos que no gustan. El comportamiento más difícil puede hacerse aceptable si el niño es simpático y positivo. Pero, con el niño difícil, casi siempre hay una situación en que el temperamento ocasiona los conflictos.

También tenemos que preguntarnos qué clase de persona es la madre, pues esto también afecta al acople. Una madre flemática y calmada es más objetiva al tratar con su hijo. Sin embargo, con un niño bien difícil, hasta la paciencia de la madre más calmada llega a sus límites.

PADRES "BASTANTE BUENOS"

Los psicólogos también hablan de padres "bastante buenos". En la mayoría de los casos, este concepto puede ser muy tranquilizador; en realidad, significa que usted *no* tiene que ser un superpadre para proporcionarle al niño el ambiente que requiere para un buen desarrollo. Los padres "bastante buenos" evolucionan naturalmente en la relación padre-hijo donde ambos son socios. Todo niño le enseña a su madre a ser madre por experiencia, y la interacción es diaria. A medida que usted aprende, va adquiriendo confianza y suficiencia, todo con la ayuda del niño.

Con el niño difícil de educar ocurre lo contrario: A medida que pasa el tiempo, usted se siente menos competente y no recibe el estímulo del progreso. Y con el niño difícil, ser bastante bueno no es suficiente para ayudar al niño; realmente, es necesario que usted sea *más* que un padre bastante bueno. Esto no quiere decir que usted deba amar más o preocuparse más, pero sí necesita ser más comprensivo para que se dé cuenta de las necesidades peculiares del niño. Y como el comportamiento del niño puede ser a menudo desconcertante, el tener más comprensión le ayudará a usted a habérselas con él. Le repito: yo no quiero decir que usted tenga que probar que adora a su hijo; en realidad, es un error común que los padres llenen de regalos al niño difícil para "hacerlo feliz". El amor extra no basta. Usted necesita pericia.

LUCHAS DE PODER Y EL CIRCULO VICIOSO

Todos los padres tienen la expectativa de cómo será el nuevo bebé. Casi siempre estas expectativas se han moldeado por experiencias anteriores, por peliculas o televisión, o por libros escritos para guiar a los nuevos padres. Sin embargo, nadie se imagina que esas expectativas van a ser precisamente lo contrario, y una vez que esto ocurre, los padres se sienten en un campo de batalla.

El niño difícil también crea un círculo vicioso en la interacción con sus padres, lo cual empeora las cosas. Los problemas temperamentales ocasionan problemas de comportamiento en los niños, y los padres tratan de enfrentarlos con técnicas tradicionales que no surten efecto. Las batallas son constantes y se van convirtiendo en luchas de poder a medida que los padres se rebajan al nivel del niño, gritando cuando él grita y armando pataletas en versión adulta. Una vez que el niño pierde la imagen de autoridad de los padres, se vuelve más resistente a sus exigencias y más encerrado en su comportamiento difícil. En estos casos, los padres cambian de disciplina, se hallan perdidos y a la deriva, y los sentimientos de temor, ansiedad y culpabilidad entran a formar parte de la relación.

Para entonces padres e hijos están bien metidos en el círculo vicioso. Como resultado, el niño es más temeroso y apegado, tiene más problemas con el sueño, se muestra hipersensible y dice cosas como

"Yo soy malo". Esto hace que la madre esté más angustiada y se sienta más culpable y sobrecomprome-
tida con el niño, que se irrite y se sienta frustrada
cada vez en mayor grado, y que el niño se sienta más
culpable y empeore el problema de su autoimagen.
Si esta situación continúa durante algunos años, el
resultado puede ser un trastorno psiquiátrico para
el niño e impredecibles tensiones, angustia y problemas para el padre, la madre y la vida matrimonial.

El círculo vicioso comienza temprano. Uno de los
principales problemas temperamentales de la
infancia es la falta de regularidad. La madre no sabe
a qué atenerse, pues el niño no le deja prever lo que
quiere; las señales que da son ocasionales, y la madre
no las detecta, no porque sea mala madre sino porque
nadie las puede detectar. El bebé se pone a llorar
una vez que lo han mudado, y no se contenta con
estar seco. También llora después de haber dormido,
cuando ha descansado y después de comer, cuando
está satisfecho. ¿Qué le pasa? No se sabe cuándo
tiene hambre y cuándo no, y es imposible establecer
una rutina.

El bebé grita muchísimo y no duerme con regularidad. Su madre trata de calmarlo, pero no puede.
El pediatra le dice que se trata de un cólico, pero
luego de varios meses la situación sigue igual. Este
comportamiento continúa, y la madre se cansa cada
vez más. El padre, si es que comparte alguna responsabilidad en el cuidado del niño, también está
sometido a presión, y en estas circunstancias es
cuando se originan las acusaciones.

A medida que crece el niño los padres, especialmente la madre, se preguntan: ¿Por qué? ¿Cómo originamos este problema? ¿En qué somos responsables? El pediatra dice que el niño no tiene nada, y deducen que *ellos* están fallando en algo. Si ustedes consultan con otras parejas, ellas no saben de qué están ustedes hablando porque tratan de colocar estos problemas en su propio marco de referencia. ¿El niño llora? Entonces está mojado o tiene hambre, o sueño, o está enfermo. *No* entienden al niño, y las respuestas de ellos son apenas la confirmación posterior de que tiene que ser que ustedes están fallando en algo. Todos los padres pueden criar a sus hijos normales, menos ustedes. Por consiguiente ustedes están cometiendo algún error.

Con un niño difícil ¡la crianza *es* mucho más difícil!

¿POR QUE ME HACE ESTO A MI?

A medida que el niño crece, los padres le asignan motivos a su comportamiento. A menudo les oigo decir: "Esto lo hace a propósito", insinuando que el niño busca la manera de molestarlos. Tanto el niño que no sonríe cuando su padre le compra un juguete, como la niña que no tiene hambre cuando la mamá le prepara su comida favorita, se comportan así porque su temperamento se lo dicta. Sin embargo sus padres, que están cansados, deprimidos y agotados, no lo creen así. Ellos creen que sus hijos se portan mal intencionalmente. Es imposible tener buen acople con nuestro hijo si creemos que él todo lo hace intencionalmente. Los padres que tienen experiencia no se culpan tanto, puesto que probablemente hayan tenido éxito con su primer hijo.

LA DISCIPLINA INEFICAZ

El hecho de atribuirle motivaciones al niño hace que los padres empiecen a disciplinar por motivaciones en lugar de disciplinar por comportamiento. Por ejemplo, no es justo castigar a un niño que come irregularmente porque no tiene hambre a la hora de la cena. Es muy probable que no sienta apetito a *esa hora*. Pero su madre, sintiéndose como si la hubieran abofeteado, le dice que se vaya para su alcoba: "Esto lo hace porque me vio trabajando en la cocina durante dos horas como una esclava".

La madre de un niño extremadamente activo puede estar con los nervios de punta por el constante movimiento de su hijo; puede que en realidad él haya roto algo cuando corría atropelladamente por la casa. Pero, castigarlo haciéndolo sentar en un rincón es castigarlo por su naturaleza. Tal comportamiento hay que refrenarlo y controlarlo, no castigarlo.

El problema es que los niños difíciles *producen* disciplina ineficaz puesto que su comportamiento es confuso para los padres. ¿Qué deben éstos hacer? Las señales que está dando el niño son confusas; no hay razones para su comportamiento. El padre busca motivos para entender lo que ocurre, y a menudo desciende al nivel del niño, a librar una lucha de poder, en la cual ninguno resulta vencedor. El padre termina por sentirse víctima e incapaz de enfrentar la situación.

Esta actitud es diametralmente opuesta a una buena disciplina en que hay constancia, entendimiento de la situación y de lo que hay que hacer, y reacciones claras y breves, asumidas con un total sentimiento de autoridad, y administradas con calma.

SIENTO QUE CONSTANTEMENTE ESTAMOS EN GUERRA

La disciplina ineficaz desgasta a la madre y al niño y produce efectos destructivos más adelante. Los aspectos de la vida diaria se convierten en una serie de luchas de poder entre la madre y el hijo. Con el tiempo puede haber peleas por el comportamiento *total* del niño, desde que amanece hasta que anochece, incluyendo ropa, alimentos, juegos y la escuela. Se tiene la impresión de que nunca más se volverá a la normalidad.

Lo que puede ocurrirles a los padres, especialmente a la madre, es devastador. El nivel de dificultad es lo que determina la respuesta de la madre. Cuanto más difícil sea el niño, más se ve afectada la madre. Por supuesto que la experiencia cuenta, pues los padres inexpertos atraviesan momentos más difíciles. La personalidad y el temperamento de los padres producen bastante efecto, al igual que otras circunstancias de la vida en general, como son la estabilidad en el empleo, la salud, las relaciones matrimoniales y la seguridad económica. Todo esto influye en los padres.

La mayoría de las batallas se originan por falta de autoridad de los padres. El padre quiere que el niño haga cierto oficio, pero el niño se niega; o éste se porta mal y su padre lo castiga. El niño no escucha lo que le dicen, y sus padres se enfurecen: "No me respeta"; "Me quiere sacar de quicio"; "El sabe cuánto me enfurece que no me conteste". Padre e hijo se encierran en estos argumentos, el problema aumenta y la batalla parece interminable.

Un niño de seis años le falta al respeto a su madre: "Eres una tonta", le dice. "Eres una estúpida". Esto la enfurece y pierde el control: "¿Cómo te atreves a decirme eso?" Acto seguido lo envía a su habitación, y cierra ésta dando un portazo. Cada vez que el niño la insulta, ella reacciona de la misma manera. Cada vez que le dice que se vuelva a atrever, el niño la insulta.

La madre de una niña de tres años teme llevarla de compras. En cierta ocasión tiene que recoger un pastel en la panadería para el cumpleaños de su esposo. Apenas entran, la niña comienza a molestar, y se pone todavía más fastidiosa mientras esperan. Su madre le dice: "Puedes comerte una galleta; escógela". La niña escoge una galleta grandísima en forma de osito, y su madre le pide al dependiente que la saque del mostrador. Acto seguido, la niña dice que también quiere una galleta en forma de tren. Su madre le dice que solamente puede comerse una, pero la niña quiere ambas galletas. "¡Quiero el tren! ¡Quiero el tren! ¡Quiero el tren!", le grita. Su madre le responde que no y la niña se pone a llorar. Le dice que tiene que escoger *¡una sola!* Finalmente, la madre tiene que sacar a la pequeña a tirones de la panadería y regresar a casa sin el pastel.

En casa de un niño irregular, cada vez que es hora de irse a dormir, se crea un problema. Si uno de los padres insiste en apagarle la luz a la misma hora todas las noches, se encontrará siempre con el mismo problema. Si el niño no está cansado a esa hora, seguramente luchará por no acostarse. Comenzará a levantarse y a pararse en el umbral de la puerta, y pedirá un vaso de jugo, o que le cuenten una historia, o que su madre vaya a verlo. Esto sucederá cada vez con mayor frecuencia, y cuando se le obligue a cerrar los ojos, el niño se pondrá inquieto y temeroso sabiendo que habrá una lucha, se opondrá más obstinadamente a dormir, y, finalmente, todo terminará en llanto y culpabilidad. El padre, al ver que su disciplina es ineficaz, siente lástima de ese pobre muchacho angustiado. Desde luego, un niño listo sabe aprovechar este sentimiento.

Muchos pueden ser los problemas con niños difíciles, que van desde la alimentación hasta el sueño, el vestuario, los juguetes, la escuela y la hora de jugar; pero cuando están encadenados por esta batalla constante, ejercen el mismo efecto en los padres. Todo contribuye al círculo vicioso: mal acople, autoridad y disciplina ineficaces, la asignación de motivaciones, la falta de control y las luchas diarias de poder. La sensación de estar sitiado viene a determinar la amplia gama de reacciones que se desprenden de las relaciones de los padres con este niño.

¿QUE PASA CON LA MADRE?

La madre, que es la que por lo común cuida al niño, reacciona ante estas situaciones de diversas maneras. No todas las madres reaccionan igual; el cuadro que presento es deliberadamente desolado. Hay muchos factores mitigantes, incluso el niño, quien puede ser interesante y hasta divertido. Pero en general las reacciones más comunes de las madres son:

Desconcierto: Esta es la madre que dice: "Yo no sé de dónde viene este niño". Simplemente no entiende qué es lo que hace el niño, y no puede forjarse respuestas coherentes. Sus reacciones cambian con el comportamiento del hijo. Por ejemplo, el niño está contento de asistir a una fiesta de cumpleaños. Llega el día, y el niño está feliz. Una semana más tarde, en las mismas circunstancias, hay otra fiesta de cumpleaños, pero esta vez al niño le da una pataleta. La madre no sabe por qué y eso la molesta. Las expectativas cumplen un papel importante como causantes del desconcierto. Una madre que se interese mucho por las modas no puede entender por qué su hijo quiere vestirse igual todos los días; y un padre circunspecto se verá mucho más afectado por un niño gritón.

Agotamiento: Algunos de estos niños necesitan estar constantemente sometidos a control, y su educación es tarea laboriosa. Ante todo, usted puede estar agotada como consecuencia de la infancia de un hijo durante la cual su sueño estuvo severamente restringido por problemas de alimentación y sueño del bebé. Por otra parte, por estar batallando con su hijo, seguramente el control que ejercen en él es negativo, persiguiéndolo por toda la casa, limpiando, preparando alimentos especiales o prestándole al niño demasiada atención sin notar cambios en su comportamiento. Por supuesto, esto es agotador. Una madre se puso a prepararle comidas especiales a su hijita, y se las servía a la 4:00 de la tarde porque, según ella, a esa hora le gustaba comer a la niña. "Ya está acostumbrada y no la puedo hacer cambiar". A las 6:30 tenía que servirle al resto de la familia: su esposo y otros dos niños. Esto aumentó la carga de trabajo de la pobre madre.

Enojo: Generalmente, las madres que no se las arreglan con su hijo difícil son coléricas. Muchos sentimientos de ira se expresan en su disciplina ineficaz, como gritos y golpes, que únicamente empeoran las cosas. La madre piensa en soluciones fantásticas: Abandonar al niño, darlo en adopción o salir corriendo. Este enojo también se expresa contra los demás hijos y contra el esposo. Hay ocasiones en que se pierde el control, e infortunadamente el resultado es el excesivo castigo físico.

Culpabilidad: Como resultado directo del sentimiento de incompetencia de la madre, viene un creciente sentimiento de culpabilidad, de ser la causa de los problemas del niño. Esto viene después de todo lo que los demás le dicen a la madre — otras madres, pediatras, su esposo, su familia, sus suegros — y, más que todo, de su propio cuestionamiento. La culpabilidad se origina con frecuencia en la idea de que el mundo entero piensa que ella es una mala madre y que el niño es un malcriado en el hogar, todo lo cual la hace sentirse impotente. La madre que va al parque *cree* que todos la acusan cuando su hijo se comporta mal con los otros niños presentes. La madre que castiga fuertemente a su hijo delante de los abuelos piensa: "¿Por qué no lo puedo controlar mejor? ¿Acaso me trataron así a mí cuando era niña?" Ella ya *sabe* que su madre la considera culpable.

Vergüenza: Todos los padres saben lo que es esto; pero los padres de niños difíciles encuentran este problema multiplicado por mil. Es un sentimiento externo, así como la culpabilidad es un sentimiento interno, y ocurre por lo general en lugares públicos cuando las madres se dan cuenta de las miradas críticas de otras personas: dependientes, clientes, meseros, conductores de ómnibus y otros testigos del mal comportamiento del niño. Más que eso, sienten que las acusan de no saber controlarlo.

Incompetencia: La madre se siente incompetente e incapaz como madre porque no puede manejar al niño. Al compararse con otras madres, o con la suya propia, se siente peor aún. Si lleva a su niño a un jardín infantil donde hay otras madres con sus hijos, tiende a compararse con las demás. Un niño difícil a quien le cueste trabajo cambiar de actividad, llama inmediatamente la atención de todos. Cuando la maestra indica que es hora de guardar los delantales y los pinceles, el niño se opone fuertemente y le da una pataleta. Cuando la madre logra quitarle el delantal, los demás niños ya están en otras actividades. Luego, la madre tiene que batallar para quitarle los zapatos y, claro, ¿cómo puede sentirse competente con todos los ojos puestos en ella y en su hijo?

Depresión: La mayoría de las madres de niños indóciles se sienten a veces deprimidas, especialmente si han tenido un mal día o una mala semana. La madre puede desarrollar una depresión clínica si tiene predisposición a ella o si hay aspectos ambientales que contribuyan a tal depresión. No se trata de un estado de ánimo pasajero sino de un síndrome que tiene otros síntomas asociados como problemas de sueño y apetito, falta de concentración, bajo nivel energético, pensamientos de autocrítica y una visión pesimista del futuro. La depresión clínica es controlable y las personas con estos síntomas deben buscar ayuda profesional.

Aislamiento: Muchas madres se sienten marginadas por otras personas que no quieren que sus hijos jueguen con el niño "difícil". Esto sucede especialmente cuando el niño es muy activo, se excita con facilidad y es brusco con los demás niños. La madre trata de averiguar qué es lo que anda mal, pero después de consultar libros y de preguntarle a todo el mundo, no halla respuesta. Se siente totalmente sola. Cree que nadie entiende lo que le ocurre ni entiende su problema. Lo peor de todo es que cree que ella es la única madre que tiene este problema.

Sentirse mártir: Esta tal vez sea la reacción más común entre las madres: "¿Por qué me hace esto a mí?" "¡Me odia!" "¡Lo hace a propósito!". Cuando la madre pierde la sensación de ser competente, súbitamente parece que el niño es el que asume el poder en la relación. Es él quien controla los sentimientos de ella; controla cómo se siente durante el día, bien o mal; controla su vida, y la madre se convierte en víctima de él.

Falta de satisfacción: La madre siente que su carga es excesivamente pesada, que la maternidad es cientos de veces más difícil para ella que para las demás, y, sin embargo, es muy poca la satisfacción que recibe a cambio. Trabaja más duro en las cosas más simples, como preparar la comida o vestir al niño, y necesita horas enteras para terminar lo que las otras madres hacen en minutos. Su presencia se requiere constantemente y no se da cuenta de las satisfacciones que tiene ser madre. ¡Tan poca retribución por tanto esfuerzo!

Sentirse en la trampa: No hay escape posible. Las madres de niños difíciles se sienten incapaces de cambiar su destino. Tienen un hijo que no responde y es difícil de educar. Nadie entiende lo que están viviendo, y toda la carga recae sobre ellas. Muchas de esta mujeres — más de las que se puede uno imaginar — sienten a veces el impulso de huir de sus hogares.

Exceso de atención: Esto es muy común en las madres. Es una mezcla de sentimientos. Paradójicamente, y en vista de todo lo demás, la madre les presta demasiada atención a los problemas del niño y se vuelve sobreprotectora. Piensa que solamente ella, como madre, sabe lo que le ocurre al niño, y necesita protegerlo. Muchos casos de sobreprotección se originan en los propios conflictos de la madre. Por ejemplo, en mujeres de quienes se esperaba, cuando eran niñas, que actuaran como adultas independientes.

Todo esto, combinado con lo que su niño hace todos los días, contribuye al sentimiento de que la tienen acorralada y que el enemigo es su propio hijo. La forma de resolver esta infortunada situación y de interrumpir la reacción en cadena del círculo vicioso es aprendiendo por qué el niño se comporta así, y, habiendo logrado ese paso, aplicar las técnicas de autoridad y manejo que aprenderemos. Solamente así podrá evitar reacciones dolorosas y a veces peligrosas ante el comportamiento del niño difícil. Esas reacciones, unidas a la falta de apoyo y de información, le hacen tanto daño emocional a ella como al propio niño.

3

EL EFECTO DE "ONDAS"

El impacto que ejerce un niño difícil en su mundo es como el de una piedra que cae en un estanque de aguas tranquilas. El primer contacto de la piedra con el agua es la interacción del niño con su madre; luego la piedra genera una serie de ondas en forma de círculos concéntricos que se difunden hacia afuera hasta que todo el estanque se ve agitado. El temperamento y el comportamiento del niño afectan a su relación con todos los miembros de su familia, con sus amigos, con sus profesores e inclusive con extraños en lugares públicos.

El ambiente externo también afecta a su hijo. El desarrollo es un proceso continuo de interacción entre el niño y el ambiente, y a medida que él crece, el temperamento se torna menos importante en la determinación de su comportamiento. Recibe directamente los mensajes del ambiente y también por medio de los sentimientos de usted relacionados con las reacciones que él provoca. El comportamiento de su hijo es cada vez más producto de su temperamento en combinación con su personalidad en desarrollo, sus actitudes y motivaciones y el impacto que ejercen en él las personas, los lugares y las cosas que empieza a conocer.

El niño nunca está aislado sino en constante relación con su familia y con el mundo que lo rodea. En este capítulo quiero poner énfasis en el efecto ondulatorio y sugiero que el lector comience por analizar los círculos internos, que son los más intensos, y luego siga hacia afuera. Comience con su propio matrimonio.

EL PADRE Y EL MATRIMONIO

Hemos visto cómo madre e hijo se traban en una lucha interminable por el poder. Ahora bien, el papel del padre es diferente, a menos que sea él quien se ocupe del cuidado básico del niño. Como el padre no pasa tanto tiempo en el hogar, su relación con el niño no es tan intensa y, por consiguiente, es más fácil. Sin embargo, el matrimonio se ve afectado, en mayor o menor grado, lo cual depende de la dificultad del niño y de otros factores maritales. Generalmente se observan cuatro tipos de reacción:

El padre se siente ignorado. La complejidad y el grado de intensidad de algunas relaciones madre-hijo hacen que el padre se sienta ignorado, como si no fuera parte de la familia. Durante los fines de semana es testigo de las luchas entre madre e hijo, por ejemplo a la hora de hacer vestir al pequeño por la mañana. Este proceso requiere bastante tiempo, y el padre, quien apenas es observador, no puede intervenir ni contribuir en este ritual. Lo mismo se aplica a las otras áreas del comportamiento. "¿Cuál es mi función aquí?", se pregunta el padre.

El padre cuestiona las acciones de la madre. No es difícil imaginarse por qué se pregunta el padre: "¿Es esto realmente necesario? ¿No puedes hacer que se vista sin tanto escándalo?" Como no ha estado presente todo el tiempo, comienza a dudar de lo acertado de las acciones. Cierto padre que no lograba entender por qué su esposa tardaba tanto vistiendo a la niña por la mañana, decidió ofrecerse como voluntario para hacerlo una mañana. Después de dos horas de gritos, luchas e histeria (la pataleta la tuvieron tanto la niña como el padre), se retiró vencido, reconociendo ante su esposa que él no había comprendido la situación. Cuestionar las acciones de la madre es, para citar un solo ejemplo, llegar a casa por la noche, y encontrar al niño dando alaridos, al hermano mayor carilargo y la cena quemada, y decirle a la esposa que está cansada y enojada: "¿Qué te pasa? ¿No puedes manejar a este muchachito? ¿Qué es lo que le haces?" Estas situaciones originan las acusaciones que con el tiempo destruyen el sistema de apoyo entre marido y mujer. El resultado puede ser una seria discordia matrimonial.

La madre no tiene energía para atender al padre. La madre quiere algunos momentos de tranquilidad después de un día en el que ha tenido que soportar pataletas, mal genio, alimentos desperdiciados, juguetes dispersos por la casa y rebeldía, además de tratar de arreglar la casa, hacer el aseo e ir al mercado. Ya no le quedan energías para su esposo, y en consecuencia hay menos relaciones sexuales, menos intimidad, y casi no queda tiempo para estar juntos como pareja.

La madre puede volverse celosa de la relación entre padre e hijo. Puesto que la madre está todo el día con el niño, hay tiempo de sobra para que se encastillen en sus respuestas, y las luchas de poder se intensifican cada día. (Esto explica por qué la madre tiene más problemas con el niño). En cambio, el padre no está en casa, no es partícipe de tantos episodios, y así su relación con el niño es más fácil. Después de uno de esos días trágicos, a la madre no le parece justo que su esposo le diga: "No entiendo por qué se comporta así contigo; conmigo es una maravilla". Esto puede ocasionar sentimientos de celos que perjudican su relación con el esposo y con el niño.

El resultado principal de estos problemas parece ser la falta de apoyo, el sentimiento de muchas mujeres de que sus esposos no las entienden ni las apoyan.

Es bastante interesante que muchas madres tienen sentimientos mezclados de ira y protección hacia sus hijos dificiles. Por un lado, la madre se siente exprimida por el niño y cree que no tiene nada más que ofrecerle al matrimonio; pero si el padre reacciona contra el niño acusándolo de ser el origen de sus problemas maritales, la madre se pone a la defensiva y protege al pequeño. Si el matrimonio estaba tensionado antes del nacimiento del niño, la situación va a empeorar. Un niño así puede separar por completo un matrimonio débil.

LOS HERMANOS

Pensemos por un momento en lo difícil que debe ser la vida diaria para los hermanos de un niño indócil. Generalmente se muestran resentidos por la atención que recibe el pequeño, y se sienten desatendidos y aislados de la familia. Muchos hermanos expresan su preocupación por el comportamiento y los gritos del niño difícil. Lo peor es que algunos niños pueden comenzar a portarse mal con objeto de recibir la misma atención que su hermanito, mientras que otros se vuelven niños modelos. Más adelante los niños "buenos" pueden tener problemas.

Los padres de niños difíciles generalmente esperan más de sus hijos mayores, como independencia y madurez. Las madres suelen referirse a su hijo dócil como "mi hombrecito" o "el maduro de la familia", aun cuando éste solamente tenga cinco o seis años. Lo contrario también es cierto, pues los padres de niños difíciles se refieren a ellos como los bebés aun cuando tengan 7 u 8 años.

LA INTERACCION NIÑO-FAMILIA EN LA VIDA REAL

Veamos cómo funciona la interacción entre un niño muy difícil y su familia en situaciones de la vida real, como por ejemplo la hora de la comida. Veremos cómo las características temperamentales de una niña de cuatro años le ocasionan problemas a la madre, al padre y a la hermana mayor.

En esta familia la cena se sirve todas las tardes a las 6:30. A los padres les gusta una comida completa, incluyendo entrada, carne, papas y verdura. A eso sigue una taza de café y, ocasionalmente, postre. Por lo general, la cena se sirve en el comedor, y la madre llama a la familia para que pase a cenar.

Como la niña es bastante *irregular*, no todas las noches siente hambre a la misma hora, y esta noche no es excepción. No quiere dejar de ver la televisión porque simplemente no está interesada en comer. Dada su *mala adaptabilidad* no es capaz de manejar la transición de lo que le gusta hacer a lo que no le gusta.

El padre cree que los esfuerzos de la madre por controlar a la niña no son suficientemente firmes y cada vez que él interviene se intercambian críticas. "Tienes que ser firme", le dice el padre agitándole el dedo índice en la cara. "Tienes que dejarle saber que hablas en serio. Parece que nunca la vas a castigar". Como la madre no la puede convencer, el padre se levanta de su asiento con un hondo suspiro y va por la niña. Pero sus amenazas no surten efecto y cuando decide apagar el receptor, la niña se pone a gritar. Para que deje de llorar, el padre le da unas palmadas, la lleva a la fuerza hasta la mesa y la sienta en su asiento. La niña está furiosa, bañada en lágrimas, y lista para un segundo escándalo, lo cual es una exageración de su *estado de ánimo normal*, que es *negativo*. La hermana mayor le hace muecas, y su madre la reprende.

Servida la sopa, todos empiezan a comer, menos la niña, quien esta vez se balancea en su asiento, golpea la mesa con el pie y juega con la cuchara. Ella no se puede quedar quieta porque normalmente tiene un *alto nivel de actividad*. Además no le gusta la sopa porque siempre está "muy caliente" (es sensible a la temperatura de los alimentos porque tiene *bajo umbral de sensibilidad)*. El plato principal es carne, que normalmente le gusta, pero esta noche dice que "huele mal" *(baja sensibilidad* de nuevo). La salsa de tomate se acabó ese día y la madre la reemplazó con otra diferente; la niña detectó el cambio de sabores y por eso no come, y su *mala adaptabilidad* no le permite acostumbrarse. Cuando los padres le insisten en que coma, le da una pataleta. Su padre trata de controlarla, la madre se disgusta porque se arruinó de nuevo la hora de la cena, la hermana mayor no resiste los gritos de su padre, y la niña se encierra cada vez más en su respuesta negativa. Las líneas de batalla están formadas.

Como se puede ver, la niña no se "acopla" muy bien a su familia. Esta valora mucho la "cena en familia" con todos los miembros presentes. Están tratando de forzar a la niña para que se adapte a sus patrones, pero ella tiene su propio temperamento y su propio estilo. Cuando hay conflictos de esta clase con niños muy pequeños, la interacción negativa con la familia origina nuevos problemas. Por ejemplo, una niña que es testaruda y se halla empeñada en una lucha de poder con sus padres, rehusará comer, incluso cuando tenga hambre. Paradójicamente, la atención negativa *refuerza* el comportamiento. Las quejas de la niña por el olor y el sabor de la comida tienen una causa real: la sensibilidad excesiva. La interacción con la familia resulta de la reacción en cadena causada por su comportamiento. Esta reacción refuerza su comportamiento. Los padres, ignorantes de las causas, no cuentan con los medios necesarios para evitar los problemas.

OTRAS PRESIONES PARA LOS PADRES

Hay otras cosas que afectan a la familia y que se acentúan más con la presencia de un niño difícil. Estos factores pueden incluir:

Matrimonios jóvenes: Los matrimonios jóvenes son más susceptibles, y con el nacimiento de un niño difícil las cosas pueden empeorar. Los problemas financieros, la sensación de estar atrapados, y la pérdida de la independencia antes de haber tenido la oportunidad de "vivir de verdad" se intensifican, y puesto que los esposos no son muy maduros, no pueden afrontar estos problemas en la misma forma que una pareja adulta.

Problemas personales: El acoholismo que existía antes de venir a la familia un niño difícil y que ha estado sometido a control, podría volver a surgir después de nacer el niño. Si el problema es del esposo, es probable que su esposa lo haya ayudado con amor a controlarlo. Pero cuando hay un niño difícil, es casi imposible para la esposa atender a su marido como lo hacía antes y, cuando él pierde ese apoyo, puede reincidir. Es posible también que la mujer acohólica quiera volver a beber con el advenimiento del hijo difícil.

También los padres que hayan experimentado problemas de depresión y de ansiedad pueden recaer en el vicio al nacer el niño difícil, pues es demasiada la tensión que deben soportar.

Problemas con los suegros: Algunas familias se muestran renuentes a aceptar al nuevo miembro, lo cual origina tensiones matrimoniales. Un niño difícil puede ocasionar más críticas y acusaciones contra el marido o la mujer por parte de sus suegros (o inclusive de su propia familia), lo cual causa problemas muy serios, especialmente si las familias viven cerca.

Presiones financieras y de trabajo: El dinero es uno de los aspectos principales en cualquier matrimonio. Si el niño difícil agrega más problemas, la presión puede ser excesiva. Si el marido tiene un puesto en una empresa donde la tensión es alta, con largas horas de trabajo, y posiblemente con la necesidad de trasladar a su familia de una ciudad a otra, necesita una atmósfera familiar tranquila, y esto es imposible con un niño difícil.

La "pareja de oro": Las parejas que aparentan no tener ningún problema también los tienen. Piénsese en la pareja a la cual siempre le ha salido todo bien: la vida es interesante, activa y las cosas han resultado fáciles. Todo ha marchado sobre ruedas — hasta que nace el bebé. Un niño difícil, en estas circunstancias, puede ocasionar más problemas que en una familia acostumbrada a ellos. Tanto los sentimientos de culpabilidad como las acusaciones se agrandan exageradamente porque es una circunstancia que los esposos nunca han experimentado y ahora sienten que todo se ha echado a perder.

Expectativas de la maternidad: Para la madre que espera ser "la mamá perfecta" e invierte en ello gran parte de su autoestimación, es extremadamente complicado lidiar al niño difícil. El matrimonio sufre. Por otra parte, la madre insegura, que duda de su habilidad para criar al niño, se siente destruida por su "incompetencia". Su falta de confianza y su sentimiento de insuficiencia afectan también a su función de esposa.

Todos estos problemas, por supuesto, pueden afectar al matrimonio independientemente de que el niño sea difícil o no. Pero la presencia del niño difícil los *agravará* muchísimo más que cualquier otra cosa.

EL RESTO DE LA FAMILIA

Las acusaciones pueden ser exageradas en el resto de la familia. La preocupación normal por el bienestar de los nietos puede ser desproporcionada con respecto al comportamiento del niño: "¿Qué es lo que le estás haciendo al niño?", dicen los abuelos. "Esto nunca pasaba cuando te estábamos criando a ti; debes estar haciendo algo malo". Para empeorar el asunto, muchos niños difíciles se comportan mejor con sus abuelos, con lo cual se aumentan las acusaciones. "¡Qué niño tan dulce!", dice la abuela; "No seas tan dura con él". Los sentimientos de insuficiencia y de culpabilidad como respuesta a las críticas pueden ser muy fuertes para los padres de los niños difíciles. Por otra parte, los abuelos encuentran que los niños muy activos son difíciles porque les cuesta trabajo estar pendientes de ellos. En ambos casos, el sistema normal de apoyo que prestan los abuelos sufre menoscabo, y la pérdida del apoyo afecta al bienestar de toda la familia. Obviamente, es mejor para una familia tener más y mejores sistemas de apoyo.

También se presentan acusaciones por la mera existencia del niño: "El niño no es como todos los de *nuestra* familia", y con frecuencia hacen sentir culpables a los padres por permitir la presencia de estos "genes malos". La madre pone en duda su propio comportamiento, su nutrición y sus actividades durante el embarazo. ¿Qué fue lo que *ella* hizo mal? ¿Qué dio origen a este niño tan diferente e irreconocible? El sentimiento de culpa puede ser muy profundo.

LAS MADRES QUE TRABAJAN

Para la madre que trabaja, el punto clave es la calidad de cuidado que se le va a dar a su hijo, bien sea por un ama de llaves, una niñera o el jardín infantil. Si la persona que usted escogió para que cuide su niño es comprensiva, y usted encuentra que es tratable, es probable que las cosas resulten bien. En realidad, una buena niñera no se siente tan molesta por el comportamiento del niño. Por ejemplo, las niñeras o el personal de guardería no se preocupan mucho por los horarios para dormir y comer, ni por los niños ruidosos. La niñera puede tener más energía y objetividad para enfrentarse a los problemas. Por otra parte, los sentimientos de la madre hacia el niño pueden resultar más positivos cuando ella regresa a casa al finalizar la jornada de trabajo.

Sin embargo, pueden ocurrir problemas si se desarrollan celos entre las dos personas, pues la madre puede pensar que la niñera está asumiendo su papel y ésta a su vez no quiere que nadie se entrometa con su oficio. Este tipo de problemas se multiplican con el niño difícil, y la niñera puede establecer métodos que producen celos en la madre. Al fin y al cabo, si la madre no puede manejar a su propio hijo, ¿quién puede? ¿Por qué le va a ser más fácil a otra persona? La niñera podría quedar resentida al sentirse desautorizada. La madre termina pensando que compite con la niñera, y ésta le transmite al niño parte del resentimiento que siente por la madre. Si el niño presiente esta división, su comportamiento empeora.

No todas las niñeras pueden controlar a los niños difíciles especialmente durante largos períodos de tiempo. Si resulta que la niñera no es buen sustituto o el jardín de infantes no le presta atención individual y continua al niño, o si el comportamiento del niño es tal que nadie lo puede controlar, es muy probable que estas madres tengan que renunciar a su trabajo durante algún tiempo, y aun cuando esto puede originar tensiones económicas, es la única solución en muchos casos.

En términos generales, las madres de niños difíciles se enfrentan a muchos sentimientos de culpabilidad, estén trabajando o no, y las que regresan al trabajo lo hacen con sentimientos encontrados. Estos se vuelven bastante exagerados para la madre de un niño difícil, y probablemente le cueste trabajo manejarlos. Sin embargo, cada situación es diferente y la madre debe examinar este aspecto a la luz de sus propias circunstancias.

MADRES SOLAS

El grave problema en estos casos es que la madre se encuentra totalmente sola con el niño. Falta el apoyo que podía estar presente en un buen matrimonio.

Obviamente, la madre sola no puede dejar de trabajar. Por consiguiente, *tiene* que hallar cuidado sustituto apropiado o contratar lo único que encuentre disponible. La fatiga le puede complicar su relación con el niño. ¿Cómo se enfrenta a una pataleta después de haber trabajado ocho horas seguidas?

Visto desde el lado positivo, estas madres no tienen a quién culpar ni hay quien las culpe a ellas. Tampoco hay quien les diga cómo deben hacer las cosas. Pero tampoco hay con quién compartir las emociones.

Si ha habido peleas durante el divorcio, esto entra a formar parte del círculo vicioso. El divorcio les produce tensiones a todos los niños, pero especialmente a los niños difíciles. Es casi seguro que su comportamiento empeorará durante este período, y el sentimiento de culpabilidad de los padres aumentará las tensiones. También hay problemas cuando el niño comienza a visitar a su padre. Dadas las diferencias en los dos hogares, el niño comienza a sentir la falta de constancia en el trato. Los niños difíciles requieren coherencia y rutina más que cualquier otro. Infortunadamente hay ocasiones en que los padres crean incoherencias a propósito para demeritar al otro. La víctima es el niño.

Muchos hijos de divorciados se sienten responsables de la separación de sus padres. Y el niño realmente difícil puede haber sido un factor de este problema.

NIÑOS DIFICILES ADOPTADOS

Ciertas circunstancias de las familias con hijos adoptivos se vuelven extremadas si el niño es difícil. El hecho de que el niño no sea biológicamente nuestro elimina algunos sentimientos de culpa, como los relacionados con genética y el embarazo. "Yo no se lo he transmitido" piensa la madre, "y tampoco es algo que yo haya hecho durante el embarazo".

Empero, si hubo alguna ambivalencia ligada a la adopción, la presencia del niño difícil empeora la situación y puede generar una actitud de rechazo hacia él. Se originan sentimientos muy claros con respecto a que "este niño no es realmente mío". Muchas veces se trata de explicar el comportamiento del niño, incluyendo el puramente temperamental, como una consecuencia de los efectos psicológicos de la adopción. Tal actitud dista mucho de ser cierta.

LUGARES PUBLICOS

Muchos padres que creen controlar a sus hijos en el hogar se encuentran muy confundidos con el mundo exterior. Muchos llegan a la paternidad con sentimientos exagerados de responsabilidad, y así, cuando el niño se porta mal, se sienten responsables. Con un niño difícil, esa sensación de que nos están mirando y *juzgando* resulta muy incómoda.

Tiendas y supermercados: Estos lugares excitan al niño activo e impulsivo; quiere corretear por todas partes y tocar todo. Este deseo, combinado con el ruido y la iluminación, hacen que el niño se salga de control, inclusive estando en su coche. Se antoja de las cosas que se ofrecen para la venta, y fácilmente le dan pataletas.

Esto contrasta con la reacción del niño que se retrae ante nuevas situaciones. Si lo llevan a un supermercado lleno de movimiento sin que esté preparado, lo más seguro es que le dé una pataleta. Imaginemos la sensación de un niño que no se acomode fácilmente a situaciones nuevas y que se encuentra de pronto en un supermercado. En primer lugar, las entradas están llenas de gente que afanosamente pugna por entrar. Luego está la intensidad del ruido, que por lo general es alta, hay gente que está gritando sobre pedidos y entregas, y, encima de todo, hay música ambiental ruidosa. La escena se intensifica más aún con el brillo de las luces y los colores, los empaques y los avisos. Ni hablar de los fines de semana, cuando la mayoría de las personas hacen sus compras, y los extraños que al ver confundido al niño le dicen: "¿Qué te pasa?" El resultado es un niño que grita y llora, aferrado a sus padres. Conviene observar la situación desde el punto de vista del niño. Pero ¿y nosotros? Al fin de cuentas tenemos que hacer las compras de la semana y lo único que se nos ocurre es tratar de calmar al niño y seguir adelante.

La situación es incómoda, tanto con el niño sobreexcitado como con el retraído y llorón. Después de todo allí hay otras madres con sus niños, y todos son relativamente dóciles. Para entonces el niño no acepta las golosinas que le ofrecen a cambio de quedarse callado y tranquilo, y la madre siente que todo el mundo la está mirando y juzgando: "¿Qué clase de madre es ésa? Ni siquiera puede controlar a su niño. No deberían admitir a esta gente en los almacenes". Lo peor es que muchas personas sí se atreven a decirle cosas a la pobre madre.

Restaurantes: Aquí no hay lugar para esconderse. Nos encontramos en el mismo recinto con otras personas que pretenden disfrutar de una buena comida y nuestro hijo está arruinándoles la noche a muchos. Los padres de un niño muy activo, poco adaptable, irregular o sensible encuentran que el plan de restaurante es un verdadero problema. Imaginemos las siguientes escenas:

• El niño simplemente no quiere entrar en el restaurante, ni siquiera el que escogimos tan cuidadosamente, con asientos en forma de cochecito para los niños. Al tratar de entrar, el niño grita: "¡No, no, no!" No podemos más que sonrojarnos y retirarnos mientras los otros niños disfrutan alegremente del lugar.

• El niño, habiendo aceptado entrar, decide que no tiene hambre.

• No logra decidir lo que va a comer.

• El niño se queja cuando le traen una pizza cuadrada, pues esperaba tajadas triangulares.

- El niño rehúsa quedarse sentado, corretea por el restaurante y les quita la comida a los otros niños.
- El niño derrama el jugo y tira la comida al suelo.
- El niño patea a la mesera y arma la pataleta.
- El niño se porta tan mal que usted comienza a gritarle y todos se vuelven a mirarlo.

Hay reacciones similares cuando se trata de entrar por primera vez a cualquier lugar público e inclusive por segunda o tercera vez. Algunos niños *nunca* se acostumbran a las situaciones nuevas y su primera reacción siempre es de trastorno o sobreexcitación. Cualquier cosa puede provocar reacciones: el teatro para niños, el circo, una película o las inocentes marionetas. Infortunadamente, no hay forma de predecir estas reacciones y *no todas* las situaciones pueden originar la misma reacción; pero entonces ¿cuáles? Las cosas que los niños dóciles encuentran interesantes son las mismas que los niños difíciles encuentran desagradables. Los padres quieren que el niño participe en el mundo de los niños, y hacen el esfuerzo de buscar actividades donde se encuentre a gusto. Esta puede ser una búsqueda muy desalentadora.

Vecinos: El comportamiento extraño e incomprensible es algo que los padres quieren ocultar. Aun así, los vecinos se dan cuenta de los extraños hábitos de vestir del niño de bajo umbral de sensibilidad, que siempre usa lo mismo, que no lleva ropa interior, o que se viste con ropa de verano en pleno invierno. Además pueden oír los gritos y las pataletas que le dan con frecuencia al niño intenso. También se dan cuenta de la actividad de los padres y les parece que esa familia es un tanto extraña. Los padres no encuentran argumentos razonables para explicar el comportamiento diario del niño difícil. La actitud de los vecinos es otro aspecto más que complica los sentimientos de los padres.

Amigos: ¿Qué ocurre con el niño difícil y sus amigos? Algunos están bien, pero otros tienen problemas. Los niños activos, desorganizados y excitables difícilmente controlan sus impulsos, y quieren los juguetes de todos los demás. Si tienen baja adaptabilidad les cuesta trabajo compartir lo que tienen. Esto conduce al comportamiento desenfrenado, incluyendo golpes y hasta mordiscos. (Esto último es una de las experiencias más mortificantes para una madre, pues le parece un acto primitivo y agresivo. Las madres de estos niños no saben por qué hacen esto y otras inclusive llegan a aislar al niño de los juegos.) El niño con retraimiento inicial se mantiene al margen del grupo durante largo tiempo. Si encuentra una actividad que le interese se dedica a ella y olvida a los otros niños. Un niño con bajo umbral de sensibilidad, que siempre se pone la misma camisa o que se viste de verano en pleno invierno, termina por ser el objeto de burlas de sus compañeros.

En ocasiones las relaciones de uno a uno pueden resultar mejores pues el niño activo no se verá tan estimulado y el retraído no se verá tan amenazado.

Los padres quieren que su hijo sea "aceptado", que haga amiguitos y es precisamente este problema el que más los afecta. Piensan que a lo mejor los otros niños lo consideran "diferente" o "extraño".

Los patios de recreo: Este es un buen lugar para los niños activos; allí pueden correr y descargar un poco de energías. Sin embargo, pueden formarse luchas por los juguetes y la pérdida del control conduce a peleas de golpes o patadas. Los niños muy excitados les quitan los juguetes a los demás y no los entregan.

El niño retraído y sensible puede estallar en llanto cuando lo llevan al patio de recreo. Con el tiempo se acostumbra y el problema resulta entonces a la hora de regresar a casa.

GRUPOS DE JUEGO Y JARDINES INFANTILES

Las madres de niños difíciles encuentran que sus hijos se comportan mejor cuando ellas no están presentes. Esta puede ser otra fuente de culpabilidad, y los padres deben recordar que el niño está respondiendo a la ausencia de conflicto y a la presencia de una persona que es neutral. Esta es la razón por la cual los niños se *comportan mejor* en la escuela que en el hogar. El problemas comienza cuando vuelven a casa.

La adaptación al jardín infantil depende de la forma en que la situación escolar afecte a su temperamento, y esto depende de todas las características que tiene el niño. Algunos no tienen problemas; otros tienen problemas diversos, entre los cuales se incluyen:

- *El niño muy activo y distraído*. Tiene problemas de excitabilidad, es impulsivo, acelerado, les pega a los otros, le cuesta trabajo escuchar, ponerle atención a la maestra, quedarse quieto en las filas y obedecer instrucciones. Curiosamente, estos niños se desempeñan bien en las entrevistas de la escuela porque son extrovertidos.

- *El niño de bajo umbral*. La sensibilidad a las luces brillantes y a los sonidos fuertes, así como la extrema excitabilidad por el estímulo que encuentra en un salón de clase grande, pueden ocasionar problemas.

- *El niño retraído y de mala adaptabilidad*. Tiene dificultad para separarse de su madre todos los días, establecer rutinas, hacer transición y compartir. A éstos no les va bien en las entrevistas porque se aferran y actúan con temor.

- *El niño intenso*. Les ocasiona tensión extra a las maestras porque es estrepitoso y trastorna a los demás.

El resultado de este comportamiento es que las maestras les insinúan a los padres que el niño puede tener problemas psicológicos o que es "hiperactivo", y esto les causa angustia.

Las maestras hablan con ellos, y luego los padres regresan a casa y reprenden al niño por su comportamiento. El resultado es que el comportamiento empeora y se forma un círculo vicioso en el ambiente de la escuela.

Como hemos anotado antes, los niños difíciles se comportan mejor en la escuela aun cuando también es aplicable allí lo dicho hasta ahora respecto al hogar. Las maestras pasan bastante tiempo con el niño, y el concepto de *acople* es importante en esta nueva relación, al igual que la experiencia y la personalidad de la maestra.

Por ejemplo, las maestras, al igual que las madres, pueden ser más o menos rígidas o flexibles. El niño difícil se encuentra mejor con una maestra que guarde cierto equilibrio entre la tolerancia y la disciplina, que le permite creatividad en algunas cosas pero que insiste en que cumpla las normas en otras. En cambio, puede haber problemas con las maestras que caen en cualquier extremo del espectro. Tomemos por ejemplo una que exige que sus normas se cumplan al pie de la letra. Aquí tenemos un caso en que un niño extremadamente activo va a pasar un tiempo casi imposible para él, tratando de llevarse bien con su maestra, por ser el niño de baja adaptación. Cuando ella palmotea para indicar el final de cierta actividad, el niño no se detiene de inmediato; y, si ella insiste, es casi seguro que se va a formar un problema. Desde luego, el niño sufrirá por esa inflexibilidad, al igual que sufrirá si sus padres fueran rígidos.

El otro extremo también presenta problemas. Una maestra mal estructurada, con pocas normas acerca de qué quiere para la clase, puede ser igualmente negativa para un niño difícil. Un niño muy activo puede salirse de control si no sabe qué es lo que tiene que hacer, y un niño con mala adaptabilidad y sin rutina queda sin saber qué ocurre.

Una buena maestra le ofrece más tiempo al niño desadaptado para que cambie de actividades porque se da cuenta de que él tiene problemas al hacer transiciones; además, tampoco le preocupa si el niño rehúsa dejar el delantal al terminar la clase de pintura, o si se pone las mismas medias todos los días durante dos semanas. Se dará cuenta del momento en que el niño activo necesita un periodo de calma. Con este acercamiento, el niño se comportará mejor en la escuela.

PEDIATRAS

El primer médico que ha visto al niño es el pediatra. Descartada la posibilidad de cólicos (que normalmente cesan al final de los cuatro meses) le dice: "Su niño es perfectamente normal. Simplemente tendrá que aprender a convivir con él".

Algunos médicos no entienden bien el concepto de temperamento; y, como no tienen experiencia en esta área, no les pueden ofrecer a los padres mucha información. Saben que el niño es normal y no encuentran razones que justifiquen su comportamiento. En realidad, con la excepción de los niños muy activos, el pediatra ni siquiera *ve* el comportamiento. Pero los padres son también responsables de la relación entre el niño y el médico. Hay madres que temen que el pediatra las juzgue mal; no quieren parecer malas, y por tanto se expresan con rodeos, y son renuentes a dar información sobre el comportamiento del niño, todo lo contrario de lo que debieran ser. Entonces si el médico no puede por sí mismo ver la conducta del niño y usted no se la describe detalladamente, es muy probable que él suponga que el problema es *usted*. Si el pediatra acepta su descripción y le habla de la conducta innatamente difícil del niño, entonces sabe algo acerca del temperamento y está en capacidad de ofrecerle consejos constructivos. Si no entiende esto, entonces supone que el niño está simplemente reaccionando a una situación familiar inapropiada.

Otro problema de los pediatras es la falta de tiempo. Si la madre no hace una cita aparte, nunca van a llegar a discutir a fondo los problemas de comportamiento del niño.

En este capítulo, como en el anterior, hemos examinado el impacto que ejerce el niño difícil en su ambiente, comenzando por sus padres y sus hermanos, pasando por los demás parientes, los amigos, los maestros, los vecinos y el pediatra. Muchas veces los padres no pueden controlar al niño en el hogar y tampoco en el mundo exterior. El comportamiento del niño afecta a todo lo de sus vidas. En la búsqueda de respuestas, les han dicho que "tienen que vivir con ese problema", que "están demasiado ansiosos y se lo transmiten al niño", que "ésa no es la manera de educarlo; que están haciendo mal las cosas". Esto aumenta su temor, su sentimiento de culpa y su frustración.

Ninguno de los padres quiere creer que algo anda seriamente mal, bien sea por parte de ellos, o de su hijo. Y en el caso del niño difícil, sencillamente, eso no es cierto.

4

PERO ¿ES HIPERACTIVO?

Cuando les pregunto a los padres qué significa para
ellos la palabra "hiperactivo", generalmente respon-
den con una mezcla confusa de palabras negativas.
Una de las respuestas más comunes es que significa
"destructivo", seguido de "perturbado", "antisocial",
"ansioso", "desatento", "con problemas de aprendizaje" o simplemente "malo". Esta confusión refleja el
desacuerdo que reina en relación con el diagnóstico
de "hiperactividad" en la comunidad profesional. En
la literatura científica se emplean indistintamente
más de 70 términos, entre ellos: *organicidad, disfun-
ción cerebral mínima, síndrome hipercinético, dificultades de aprendizaje, daño mínimo del cerebro, niño
torpe, trastorno de atención deficiente (con hiperactividad o sin ella)* y *dislexia.*

¿Qué significa todo esto? ¿Qué se debe hacer cuando alguien nos dice que nuestro hijo es hiperactivo?

EL PROBLEMA DEL DIAGNOSTICO

El diagnóstico de "hiperactividad" es particularmente

complicado en niños de edad preescolar. Varios profesionales, tales como pediatras, educadores, psiquiatras, neurólogos, psicólogos de la educación y terapeutas, emplean diferentes criterios para definir el síndrome y para diferenciarlo de la normalidad, por una parte, y de trastornos más serios, por otra.

"Hiperactividad" también se define de diferentes maneras en otros países. Algunos estudios antiguos en los Estados Unidos identificaron entre 10 y 20% de niños escolares hiperactivos. Las nuevas estadísticas, basadas en criterios más estrictos, varían entre 3 y 5%. En la Gran Bretaña y Europa continental, un enfoque más conservador del diagnóstico da por resultado un número mucho menor de niños catalogados como "hiperactivos".

La tendencia entre los profesionales experimentados, especialmente los médicos, es hacia un mayor conservatismo y criterios más estrictos para este diagnóstico. Esto es positivo y reduce el número de niños tratados arbitrariamente con drogas o enviados a clases especiales. Sin embargo, los profesionales aún distan mucho de llegar a un acuerdo sobre lo que significa "hiperactividad".

La palabra "hiperactivo" se puede emplear de dos maneras. Una de ellas es simplemente como adjetivo que describe una dimensión del comportamiento. Si se emplea en esta forma, sin agregados emocionales, el término solamente significa un alto nivel de actividad. Sin embargo, en su uso común se trata de un *diagnóstico*. Esto implica que hay anormalidad y por tanto necesidad de tratamiento inmediato.

EL EMPEÑO DE LOS PADRES

Parte del problema se origina en la angustiosa búsqueda en que se empeñan los padres para hallar una respuesta a la pregunta "¿Qué anda mal con mi hijo?" Si tienen dificultad para manejarlo y su vida se ha vuelto una desgracia, a veces es un consuelo pensar que el niño *no* es normal, pues así se quitan la carga de encima. Si el pediatra les dice que "el niño es normal y tienen que acostumbrarse a él", ¿qué pueden hacer? A veces asumen una actitud derrotista, de mártires, y dejan de buscar ayuda. En cuanto al niño, ¿cómo puede salir adelante sintiéndose como una cruz para los demás?

En el esfuerzo que hacen por encontrar la razón de lo que ocurre, los padres pueden resultar en un carrusel de diagnósticos. Van de médico en médico y de especialista en especialista y terminan más confundidos aún. A veces se hace un diagnóstico basado en muy poca información.

Durante los primeros años del desarrollo del niño, los padres oyen opiniones de pediatras que examinan al niño en diferentes circunstancias. El pediatra que lo examina en su ruidoso consultorio dice que el niño es "hiperactivo"; la maestra del jardín infantil, donde no hay reglas ni normas, opina que es hiperactivo y les dice que hay que observarlo cuidadosamente para ver si presenta alguna dificultad de aprendizaje; el psicólogo o el psiquiatra decide que es muy activo pero no "hiper" y habla de problemas emocionales y familiares; por su parte, el neurólogo, quien lo examina en una silenciosa y tranquila oficina, dice que es normal. ¿Quién tiene la razón? La suma total de estas opiniones profesionales es confusa. El problema es que el término "hiperactividad" en sí mismo es también confuso. Si incluso profesionales competentes que tratan de hacer un diagnóstico de la anomalía del niño no pueden ponerse de acuerdo en sus dictámenes, entonces es cuestionable la validez misma del diagnóstico.

Uno no puede menos de compadecerse de los padres que desesperadamente buscan una respuesta. Nuestro impulso como padres es buscar la raíz del problema y pedir ayuda. En muchos aspectos los padres se sienten más tranquilos con un diagnóstico, aun cuando sea de anormalidad. Después de todo, la alternativas son peores: Si el niño es normal, entonces ellos tienen que aprender a vivir con él o aceptar la culpa de su comportamiento. La reacción más común es: "Si no hay nada malo en él, entonces tiene que ser culpa nuestra".

Los padres de un niño llamado "hiperactivo" se encuentran entre la espada y la pared, pues las implicaciones de normalidad son tan difíciles de aceptar como las de anormalidad.

EL INTERROGANTE DE LA HIPERACTIVIDAD

Como podrá verse, el término "hiperactivo" se ha vuelto de uso general para describir varias clases de disfunciones del comportamiento y de la educación, y para señalar un aspecto específico del complejo comportamiento de un niño. La hiperactividad no debiera ser un diagnóstico, sino más bien la descripción de un comportamiento específico, aclarando que el niño parece moverse más de lo normal.

En realidad, hiperactividad y normalidad no deberían considerarse conceptos estáticos sino dinámicos. Esto significa que un niño no es hiperactivo en todas las situaciones o en la misma situación en diferentes momentos, y que su nivel de actividad cae dentro del espectro desde moderado hasta altamente hiperactivo, de acuerdo con el ambiente, la hora del día, el estado de ánimo y la forma en que manejan al niño. En otras palabras, a veces parece normal y a veces hiperactivo. Veamos algunos ejemplos de lo que es el concepto *dinámico*:

"¡Pero el médico dice que es hiper!"

Jeremy tiene cinco años; es ruidoso, excitable y muy activo; su médico dice que es hiperactivo. Cada vez que su madre lo lleva al consultorio se pone insoportable en la sala de espera. Le cuesta trabajo quedarse sentado cuando no hay nada que hacer y el consultorio siempre está lleno de gente y hay que esperar largo tiempo. Jeremy se pone brusco con otros niños y cuando le llega su turno con el médico, está sumamente excitado. Al doctor no le cabe duda de que éste es un niño hiperactivo. La madre le explica que ella no entiende por qué el niño se porta bien cuando está solo en su casa, y piensa que un niño hiperactivo es "hiper" *todo* el tiempo. Jeremy pasa mucho tiempo jugando tranquilamente con sus ladrillitos. Además, aunque el año pasado fue muy difícil para él en el jardín infantil, este año está en una clase más pequeña, y tiene una maestra comprensiva y paciente, y le va mucho mejor. El pediatra parece escéptico. ¿El niño es hiperactivo? ¿Lo es solamente a ratos? ¿Es normal o no? ¿Será que a veces es anormal? ¿Es esto posible?

La "machita"

Claire tiene seis años, y no parece tener muchos problemas de comportamiento, excepto en la escuela. Cursa el primer año, y sus maestras le han dicho a su madre que la niña no obedece órdenes, rehúsa hacer fila, empuja a los niños y en las horas de recreo se pone brusca y les pega a los demás. Las maestras le sugieren a la madre que la haga examinar de un psiquiatra o un sicólogo, pues estos signos denotan algún problema emocional. Su madre está confundida, pues Claire es la cuarta, tiene tres hermanos varones y nunca le había parecido hiperactiva. Si Claire le pega a uno de sus hermanos, él le devuelve el golpe, y nunca ha sido más activa que los muchachos. Ella sabe que la niña no es muy obediente ni tranquila, pero esto es algo que no le preocupa. ¿Qué importa si Claire no quiere jugar con muñecas y pasa de una actividad a otra? La madre no quiere llevarla a donde un profesional, pero la escuela le sigue insistiendo en que el problema puede agravarse si no "hacen algo". ¿Acaso es hiperactiva o simplemente se nota más su comportamiento en la escuela? Este es un buen ejemplo de cómo el comportamiento puede parecerles normal a unos y anormal a otros.

"El es siempre muy bueno"

El día antes de comenzar las clases, el almacén de calzado del barrio parece un manicomio. Las madres tienen que esperar por lo menos dos horas para que sus hijos puedan probarse los zapatos. La mayoría trata de evitar esta situación, pero si la familia estaba disfrutando de vacaciones, es casi inevitable. Stevie, de tres años y medio, es moderadamente activo y alegre, aun cuando en ocasiones puede estallar. Su madre lo lleva a comprarle unos zapatos de lona. Al llegar, reserva un turno, pero son muchas las personas que esperan antes, así es que decide dar una vuelta y regresar más tarde. Mientras tanto van a otra tienda a comprarle unas camisetas, mas para entonces el niño ya se está poniendo malhumorado. Su madre le promete un helado cuando hayan comprado los zapatos. Regresan a la zapatería y esperan, pero a medida que el tiempo transcurre, Stevie se pone cada vez más inquieto. Se levanta de su asiento y se pasea por todo el almacén. Comienza a tropezar con las demás personas y con el dependiente. Finalmente empieza a pelear. Le ha quitado el juguete a una niña, y cuando ésta trata de recuperarlo, Stevie la hace caer. Su madre, avergonzada por las miradas de todo el mundo, trata de quitarle

el juguete, pero esto empeora la situación, y el niño
termina con pataleta. Al final decide sacarlo del
almacén y alcanza a oír a dos madres que comentan:
"Pobre mujer; ese niñito es hiperactivo".

Observemos más de cerca este último caso. Stevie
es obviamente un niño moderadamente activo y "normal". Ordinariamente, su comportamiento no está
de acuerdo con ninguna definición de hiperactivo;
sin embargo, luego de esperar mucho tiempo, y después de un día aburrido en las tiendas y confinado a
un asiento en un almacén repleto de gente, se pone
de muy mal humor. ¿Acaso es hiperactivo? ¡Claro
que no! Sin embargo, su comportamiento en el
almacén de calzado es similar al de un niño de los
llamados "hiperactivos".

Aun los niños que según el diagnóstico son "hiperactivos", como el pequeño Jeremy, tienen a veces
comportamientos que no se ciñen al concepto de "hiperactividad". En algunas situaciones, v. g. estando
solos en su alcoba, pueden quedarse tranquilos con
la atención puesta en algo que les gusta. También
les va bien en la escuela con su maestra, en una
clase tranquila y organizada, aun cuando requieren
un poco de atención extra. Pero en el consultorio del
médico y en otros ambientes sobre-estimulantes se
deteriora su conducta, hasta el punto de parecer
"anormales".

En el caso de Claire, es interesante notar que el
ambiente más bien flexible de su hogar y su posición
como última en una familia de tres varones ha hecho

más llevadera la situación. La poca atención, la excitabilidad, la impulsividad y la brusquedad son características que pasan inadvertidas en tal familia, y además su madre es muy calmada y tiene experiencia. Trate usted de imaginarse por un instante a esta misma niña nacida en una familia ordenada y estricta. Es obvio que las limitaciones impuestas en una familia así exagerarían el problema. Claire y sus hermanos viven en una casa antigua y espaciosa con un gran jardín. Si estuvieran en un pequeño apartamento de la ciudad con adornos en cada mesa, sus padres tendrían problemas con ella cuando tuviera dos años de edad.

Las maestras de Claire la identifican como "problema" porque la escuela es muy rígida y la maestra, estricta. Sin embargo, su comportamiento no solamente es el mismo del hogar sino que en éste la animan a que se comporte así. (Este es un magnífico ejemplo de buen acople en el hogar pero muy malo en la escuela.) ¿Cómo clasificamos a Claire? ¿Es hiperactiva y alborotadora, o es una niña hombruna y altamente activa, que está en una escuela inapropiada para su forma de ser?

La importancia del contexto

Estos tres ejemplos ilustran claramente los dos problemas centrales del término "hiperactividad". El nivel de actividad del hijo menor casi siempre depende del contexto global, y la línea divisoria entre normal y anormal es muy difícil de definir, y depende del punto de vista del observador. Aquí estamos tratando con el nivel de actividad que va desde bajo hasta muy alto. Prácticamente ningún niño es frenéticamente activo todo el tiempo. En diversas circunstancias y escenarios, el niño extremadamente activo puede estar bastante calmado, o el niño moderadamente activo puede estar frenéticamente sobreexcitado. También influye la hora del día: muchos niños tienen horas en las cuales son casi insoportables. El apetito y la dieta pueden afectar al comportamiento, al igual que el sueño. Cualquier madre nos dirá cómo se comporta su niño de dos años cuando no ha dormido la siesta. Cualquier niño que se sienta amenazado o ansioso puede tener un comportamiento extremo. ¿Quién puede asegurar que cuando un niño comienza a gritar y a llorar delante del supermercado es porque es hiperactivo o porque le desagradan las cosas nuevas y no quiere entrar a ese extraño lugar? Cualquiera que pase por allí piensa para sí que los padres son incapaces de controlar a su niño.

Examinemos lo que puede ocurrir en algunas escuelas. Dada la falta de recursos, muchas escuelas tienen menos profesores y grupos más grandes. En tal ambiente hay más desorden, y hace pocos años esto se consideraba de hecho como sinónimo de hiperactividad. Al niño que mostraba ese comportamiento, cualquiera que fuera la razón (especialmente si iba a la zaga de los demás), lo tildaban de "hiperactivo". Con frecuencia le recetaban medicamentos. En algunos lugares se ha cambiado esta perspectiva, aun cuando todavía perdura en otros.

Por consiguiente hay muchas razones para poner en tela de juicio el término de "hiperactivo":

1. Una sola característica no basta para describir al niño.

2. Los límites de normalidad son difíciles de definir.

3. El ambiente en el cual se desarrolla el comportamiento es muy importante, especialmente cuando el problema ocurre en la escuela.

4. La edad del niño es muy importante. Puesto que un niño de dos años suele ser más activo que uno de cuatro, los límites entre niveles de actividad moderados, altos o muy altos, tienden a ser vagos al comienzo. Es más fácil hacer la distinción en niños mayores. Los profesionales deben tener más cuidado cuando diagnostican "hiperactividad" en niños muy pequeños.

5. La hora del día es importante. Un niño en su "hora mala" o uno que no ha comido o dormido lo suficiente, puede excitarse con facilidad. Los niños tienen biorritmos cíclicos durante el día al igual que los adultos. ¿Es su niño "diurno" o "nocturno"? Todo esto afecta a su nivel de actividad.

6. La dieta también cumple un papel importante. Muchas madres observan que los azúcares y las comidas con agregados químicos afectan al comportamiento de los niños.

7. Lo más importante: ¿Quién hace el diagnóstico y con qué criterio? El psiquiatra tiene unos criterios, el pediatra otros, y el neurólogo otros. No hay criterios

objetivos para definir el comportamiento "anormal". Los médicos debieran diagnosticar con base en una buena evaluación y los diagnósticos son tan válidos como los criterios que se emplean para hacerlos.

UNA NUEVA PERSPECTIVA: EL TEMPERAMENTO

Si dejamos de considerar al niño como hiperactivo y más bien pensamos que es *difícil y que tiene un alto nivel de actividad*, se abren nuevos horizontes. Podemos comenzar a tener en cuenta al niño en su totalidad, no solamente una de sus características, y ofrecerle ayuda, al igual que a su familia, sin el peligro de ciertos diagnósticos y "tratamientos".

Hay que recordar que el nivel de actividad es tan solo una de las dimensiones del temperamento. Los niños denominados hiperactivos *no* son solamente activos, sino que son temperamentalmente difíciles en otros aspectos. Se distraen con facilidad, son de poca adaptabilidad y no aceptan fácilmente las transiciones y el cambio. Son niños intensos: excitables y ruidosos. Los ritmos de sueño y apetito son irregulares. Su umbral de sensibilidad es bajo: los molestan los ruidos intensos, las luces brillantes, y sentir la ropa. Y por lo general se sobreexcitan fácilmente. Con tantas características difíciles, tiene sentido colocar a estos niños bajo el título de temperamentalmente difíciles.

Imaginemos lo que ocurriría si se utilizara otra palabra única para definir globalmente al niño:

Louise rechaza cualquier situación nueva. A los tres años y medio tiene problemas cuando conoce gente nueva o sitios nuevos, y su madre difícilmente puede llevarla a cualquier parte. Se aferra a su madre y grita violentamente. Cuando la llevaron a hacerla examinar de un psicólogo por primera vez, inmediatamente mostró signos de rechazo. Basándose en esa sola consulta, el psicólogo podría equivocadamente diagnosticar que la niña es "ansiosa". Un buen psicólogo probablemente no lo haría, puesto que esta determinación no se haría sobre la base de un simple vistazo. Ciertamente, nadie hablaría de un "niño hiperretraído" como se habla de un niño hiperactivo. Tampoco a un niño cuya característica temperamental es el ánimo negativo lo llamaríamos "deprimido" o "hipernegativo" porque es serio, porque rara vez sonríe o porque está de mal humor. (Es importante señalar que el *ánimo negativo no es depresión*. La depresión en los niños se presenta como tristeza constante, pérdida del apetito, trastornos del sueño y bajos niveles de energía, y con otros síntomas que se encuentran también en adultos deprimidos.)

La historia de Joshua: Una observación más amplia

Veamos un incidente común y corriente con un niño a quien el pediatra le hizo el diagnóstico de "hiperactivo". Observemos también cómo entran en juego las otras características temperamentales. Hay que recordar que los niños muy activos se hacen notar por su comportamiento extremo; pero si observamos cuidadosamente, nos damos cuenta de que hay otra cosas que entran en juego.

A Joshua lo han invitado a la fiesta de cumpleaños de un amiguito de la escuela. La madre se preocupa por el comportamiento de su hijo de cuatro años, y preferiría no llevarlo; pero se trata del mejor amigo de Joshua, y la madre no puede negarse. Ella ya consultó con el neurólogo, pero nada se ha resuelto, pues el profesional no le encuentra nada. La opinión del pediatra parece confirmarse con el comportamiento de Joshua.

Sin embargo, cuando el niño está en casa rodeado de un ambiente de tranquilidad, se puede quedar escuchando música. En efecto, cuando un disco le gusta bastante, le presta mucha atención (es *persistente*). El día de la fiesta, la madre comete el error de interrumpir al niño cuando estaba escuchando música, para decirle abruptamente que se vista. El está *encastillado*; no quiere abandonar lo que está haciendo y el problema aumenta hasta que le da una pataleta (es un niño de *alta intensidad)*. Una vez calmado, su madre le trae la ropa nueva que le compró para la fiesta, pero Joshua insiste en que quiere ponerse su ropa vieja porque le gusta más *(mala adaptabilidad)*. Dice que la nueva le queda apretada y le pica (tiene bajo umbral de *sensibilidad* al tacto). Cuando su madre lo fuerza a vertirse con la ropa nueva, le da otra pataleta, y finalmente la madre no tiene otra alternativa que ceder y dejarlo llevar sus zapatos viejos y estropeados en lugar de los buenos.

Cuando salen de la casa, ambos están malhumorados ¡y ni siquiera han llega a la fiesta!

Una vez allí, se encuentran con otros niños que juegan contentos. A medida que llegan más niños, el ruido aumenta considerablemente lo mismo que la actividad. Se persiguen unos a otros, juegan con los globos de vivos colores y el padre del festejado anda tomando fotografías. Las luces, los gritos y el hacinamiento hacen que Joshua comience a excitarse, y su madre se da cuenta de las señales de peligro. Sin embargo, tiene la esperanza de que los llamen a sentarse a la mesa (la reacción de Joshua muestra su *distracción* y su *alta sensibilidad* a los ruidos y a las luces).

Cuando todos los niños están sentados a la mesa admirando las decoraciones de pitufos y jugando con sus sombreros, pitos y sorpresas, Joshua sigue correteando por toda la casa tocando todos los regalos del festejado. Le dice a su madre que no quiere comer porque no tiene hambre (lo cual es cierto porque es de *ritmo irregular*). Su presencia comienza a molestar a los otros niños. Su madre lo obliga a sentarse en un rincón con un tocadiscos de juguete que es parecido al que tiene en casa. De nuevo trata de correr pero su madre encuentra uno de sus discos favoritos. Al fin Joshua se queda quieto y comienza a cantar algunas canciones. De pronto anuncian que viene el mago, y su madre le quita abruptamente la música. Joshua se encoleriza (pues su *baja adaptabilidad* lo mantiene encerrado en esa actividad y hace imposible que cambie repentinamente). Empieza a correr alrededor de los otros niños que ya están sentados, les tira el pelo, les quita los dulces e interrumpe la presentación. Uno de los niños le arrebata el pito que Joshua le había quitado. Joshua pierde el control y le da una patada. Su madre, profundamente avergonzada, lo retira de la fiesta y se va convencida de que el pediatra tenía toda la razón y que el neurólogo no tiene ni idea de lo que está diciendo. Todos en la fiesta están de acuerdo con lo que dice el pediatra: piensan que Joshua es, sin lugar a dudas, un niño hiperactivo.

Observando en detalle el comportamiento de este niño, vemos que son varios los rasgos que lo originan y no solamente el de alta actividad. Normalmente ésta sobresale porque es la característica que más se observa socialmente. Es lo que hace especial al niño entre los demás. ¿Cuántas personas conocen los conceptos de alta sensibilidad o de irregularidad? Inclusive los padres más cuidadosos no se dan cuenta de los problemas originados por la baja adaptabilidad del niño.

Debe ser obvio, entonces, que hay muchos factores que están influyendo en estos niños. Para aprender a controlarlos hay que entender el temperamento *total* de ellos, no solamente su nivel de actividad. Considerémoslos como niños difíciles: así será más fácil acomodarse a ellos.

¿CUANDO SE REQUIERE DE UN DIAGNOSTICO?

El diagnóstico es apropiado para algunos niños, como

aquellos que *nunca* se quedan quietos en *ninguna* parte; los que actúan sin ton ni son; los que siempre tienen que tocarlo todo; los que no ponen atención a nada, los que no obedecen; los que siempre inte rrumpen. Tales niños requieren de evaluación, y su diagnóstico correcto podría ser "problemas de atención con hiperactividad".

Esta condición es más común entre los niños que entre las niñas. Cuando el diagnóstico lo hace un médico competente, es probable que se justifique algún medicamento, especialmente si el niño asiste a la escuela. Los niños de muy alta actividad que se distraen fácilmente también muestran características asociadas como por ejemplo:

- Una historia de complicaciones del embarazo y el parto
- Retraso en el desarrollo del lenguaje
- Deficiencias del aprendizaje en edad escolar
- Problemas motores

Ciertamente, esos niños deben evaluarse, y es probable que necesiten terapia del lenguaje, un buen tutor e inclusive una clase especial. En tal caso se requieren los servicios de uno o más especialistas. Asegúrese de que éstos coordinen sus actividades y vale la pena que uno de ellos coordine el programa, ojalá el pediatra.

Otra nota de precaución: El campo de las *dificultades del aprendizaje* se ha convertido en una industria con ramificaciones sociales, políticas y económicas. Este término se utiliza mucho más que el de "hiperactividad" y crea la misma confusión y ansiedad en los padres. El padre que tiene un hijo con problemas de aprendizaje puede caer en una red de especialistas armados con cantidades de exámenes que generalmente lo dejan sin saber qué ocurre.

De nuevo necesitamos una actitud más conservadora. Muy ciertamente existen grupos de niños que tienen problemas de este tipo y requieren la ayuda de profesionales competentes ceñidos a criterios muy estrictos para el diagnóstico. Sin embargo, hay muchos niños que tienen problemas de escolaridad que no deben clasificarse como "dificultades de aprendizaje".

Como lo expusimos al comienzo de este capítulo, "hiperactivo" es un adjetivo que simplemente describe el comportamiento pero que no define su causa. El comportamiento hiperactivo puede originarse en algo diferente del temperamento: daño cerebral, trastornos mentales o emocionales, e inclusive enfermedad. En tales casos se requieren diagnósticos completos y ayuda profesional.

Conocer los rasgos del temperamento les ayuda mucho a los padres a afrontar la situación y a manejar mejor a sus hijos, inclusive en los casos en los cuales se diagnostica un "trastorno de déficit de atención con hiperactividad". (En el capítulo 11 hablaremos de la manera de ayudar a estos niños.)

5

UN DIA EN LA VIDA
DE UN NIÑO DIFICIL

La historia que vamos a exponer es la de un niño sumamente difícil, realmente insoportable. Pocos son en realidad tan difíciles de criar como éste. Pero la diferencia con los demás está en el grado de dificultad, no en los elementos básicos. Este caso extremo lo citamos con la intención de resaltar ciertos rasgos que el lector podrá reconocer en su hijo.

◆

Cuando nació Adam Johnson, su madre estaba convencida de que la crianza sería tan fácil como fue la de su primer hijo, Jeremy. Sintió cierta desilusión cuando le dijeron que era varón, pues pensaba que las niñas eran más dóciles. Sin embargo, estaba feliz de saber que el niño era sano, y, con la tranquilidad que da la experiencia, se sintió muy capaz de manejarlos a ambos.

Tuvo algunos problemas para alimentar a Adam en el hospital, y en casa no fue tan fácil establecerle un horario como lo había sido con su hermanito mayor. Además, la madre sospechaba que Adam no estaba durmiendo bien, pues se le notaba siempre molesto. Hacía siestas breves, de las cuales se despertaba sobresaltado y llorando. Parecía más ruidoso que Jeremy, pero su madre pensó que le parecía así porque estaba acostumbrada a Jeremy, que ya tenía tres años de edad y era más tranquilo. Su padre, Stephen, estaba orgulloso de su nuevo hijo, y comentaba que era fuerte, varonil y "todo un machito".

Ninguno de los dos podía imaginarse lo que les esperaba. Los problemas de Adam con la alimentación, el sueño y los lloriqueos apenas eran el comienzo. Su comportamiento errático, irritable y caprichoso era cada vez peor, y su padres pasaban las noches en vela. Adam se despertaba constantemente durante la noche y no cesaba de llorar. Daba alaridos *después* de comer y *después* de mudarle los pañales. Era en general un niño intranquilo y de nada servía tenerlo alzado; tampoco servía arrullarlo. Los juguetes musicales no lo apaciguaban y los sonajeros no le llamaban la atención. Su madre no se extrañó cuando el pediatra le dijo que seguramente sufría de cólicos y esperó ansiosamente a que pasara esta etapa. Pero transcurrieron los meses y Adam seguía igual. El médico no tenía explicación alguna, pues los cólicos generalmente desaparecen a los cuatro meses. Marjorie Johnson estaba comenzando a agotarse y se hallaba nerviosa. Su esposo empezó a dormir en el sofá de la sala, única forma de conciliar el sueño (era abogado y tenía que estar en los juzgados por la mañana).

La madre de Marjorie le daba muchos consejos al comienzo, pero como nada le funcionaba, Marjorie empezó a sentirse inútil, especialmente cuando su madre le reprochaba por "hacer las cosas mal". Su madre había intervenido también en la crianza de Jeremy, pero a Marjorie no le había importado porque había sido un niño relativamente dócil. Ahora le parecía que su madre tenía razón y que ella estaba haciendo algo mal. Le parecía que no era buena madre, o al menos no tan buena como la suya. Aun cuando la abuela de Adam tenía muchas opiniones sobre cómo manejar al niño, nunca se ofrecía a cuidarlo ni lo alzaba por largo rato, pues su llanto y su inquietud parecían asustarla. No se sentía "capaz de controlarlo".

Cuando Adam cumplió seis meses de edad, toda la familia estaba afectada. Marjorie no podía sacar a Jeremy ni salir de compras por temor a las pataletas de Adam en público. Todo el mundo la miraba cuando el niño armaba un escándalo y ella se sentía avergonzada de no poder callarlo. Los chupadores de nada servían. Inclusive su madre llegó a ponerle unas gotitas de whisky en el jugo de naranja. Nada daba resultado, y el matrimonio empezó a sufrir. Marjorie estaba cansada a todas horas, y Stephen se impacientaba con ella. Discutían frecuentemente. El quería que Marjorie dejara llorar al bebé y que "lo dejara solo", pero ella decía que el niño tenía algún problema y que "necesitaba ayuda". ¿Cómo dejarlo llorar así?

A medida que Adam fue creciendo, los padres notaron ciertos cambios en Jeremy. El niño mayor siempre había sido simpático y alegre, y le encantaba jugar con arena o con sus ladrillitos mientras tarareaba alguna canción. Pero la presencia del nuevo bebé lo estaba afectando; con el paso de los meses, se veía más preocupado por el llanto. "¿Qué le pasa a Adam?" preguntaba. "¿Por qué llora tanto?" ¿Por qué grita?" A veces se paraba junto a la cuna tratando de distraer a su hermanito. Marjorie notó que Jeremy se apegaba más a ella y que les pedía a sus padres que jugaran con él o que le "ayudaran". Su madre no tenía tiempo para dedicarse a Jeremy, y comenzó a temer que tanta presión lo afectara a él también. Todo esto agravaba la carga creada por este bebé "imposible".

Cuando Adam empezó a caminar, o mejor dicho, a correr (que era lo que hacía apenas se ponía de pie), la situación se complicó todavía más. Era una verdadera locura. Hubo que poner la casa "a prueba de bebés". Además, los trastornos del sueño y las comidas continuaron, a lo cual se añadían los problemas de vestir a Adam, perseguir a Adam y controlar a Adam. El niño era ajeno a toda disciplina. Marjorie dejó de pensar que era un "pobrecito" con "problemas" y empezó a mirarlo como un "pequeño monstruo" que "hacía las cosas adrede".

A los tres años de edad Adam era indomable. A veces dormía largo tiempo, a veces muy poco, pero sin ningún ritmo fijo. No era fácil hacerlo comer, pues no se sentaba a la mesa tranquilo, y era dificilísimo encontrar comidas que le gustaran. No usaba ninguna prenda que le "picara" y esto incluía todo lo nuevo. Además, nunca usaba piyama sino que le gustaba dormir con la ropa que llevaba puesta. Nunca se le veía jugando tranquilo con algún juguete o rompecabezas. Lo único que lo mantenía quieto eran los videos ruidosos de música rock. A su madre no le molestaba esto, y se preguntaba divertida si su hijo se convertiría en un nuevo Mick Jagger. En cambio su padre odiaba los videos y procuró que Adam se interesara por ver algún deporte. Pero el niño no tenía paciencia para el béisbol y pedía los videos a gritos hasta que su padre, con desagrado, cambiaba el canal.

Las peleas constantes estaban afectando no solo a la familia sino a Adam también. Por las noches se mostraba temeroso y se aferraba más a su madre. En el jardín infantil se mostraba más tranquilo, pero a veces se agitaba demasiado y perdía el control. En el aspecto positivo, cuando Adam no estaba enojado o inquieto, parecía ser de buen ánimo. A su padre le gustaban los juegos bruscos con él y le complacía que su hijo fuera "macho". A la madre le gustaba su "creatividad". El niño gozaba haciendo dibujos de flores y automóviles con mucho color.

Adam era el centro de atención todos los días en la familia Johnson, y sus padres, lo mismo que su hermano, sus abuelos, amigos, compañeros de escuela y maestras eran los personajes secundarios. A veces su madre tenía la impresión de que todo el mundo giraba en torno de su hijo difícil y el mal comportamiento de éste, y en cierta forma tenía razón, pues todo el mundo reaccionaba ante ese comportamiento que solía ser negativo y que dejaba una estela de reacciones negativas en los demás.

El radio-reloj de Stephen Johnson sonaba a las seis de la mañana los días laborables. El se levantaba y se dirigía a la ducha mientras Marjorie aunaba fuerzas para afrontar la lucha. Siempre era difícil comenzar el día porque en ese momento tenía que aceptar, una vez más, que nada había cambiado durante la noche; que Adam sería esa mañana lo mismo que ayer y que nada de esto iba a desaparecer, como una pesadilla.

Una vez levantada, Marjorie fue a cepillarse los dientes en el otro baño, al fondo del pasillo. Luego dio unos golpecitos en la puerta de Jeremy, pero no miró si se había levantado. El alboroto que Adam hacía por las mañanas bastaba para despertar a cualquiera. Respirando profundamente, entró en la habitación de Adam. Allí siempre la asaltaba el caos. Ella era ordenada, y en esto Jeremy se parecía a ella, pues conservaba sus libros y juguetes en orden. Adam metía las manos en todo, y la única manera de tener a salvo las pertenencias de su hermano era guardándolas en un mueble con cerradura en la parte inferior y en los anaqueles altos. Marjorie se acercó a la cama pasando sobre las pilas de ladrillos, camioncitos y juguetes dispersos. No cubría a Adam con sábanas ni frazadas porque siempre tenía calor y tenía un sueño agitado. Ahora tenía apenas un cobertor que se había caído al pie de la cama. El niño estaba de costado con las piernas dobladas como si estuviera saltando una valla. La madre vaciló antes de despertarlo. Los únicos momentos de tranquilidad en la casa eran cuando el niño dormía. Pero necesitaban horas adicionales en la mañana, pues de lo contrario no llegaría al jardín infantil, y su día se echaría a perder. Por difícil que fuera acostarlo por la noche, era más difícil levantarlo por la mañana. Marjorie lo despertó y el niño se sentó y se frotó los ojos. Su madre le dio un beso y comenzó todo:

— Ve al baño a cepillarte.

Dando un salto, el niño se puso a jugar con sus juguetes. Ella repitió la orden; él no respondió. Marjorie abrió el armario y sacó una muda limpia. El niño tenía puestos el pantalón y la sudadera que había usado el día anterior. Marjorie hizo un esfuerzo por sonreír:

— Vamos a ponernos esta camisa limpia de pitufos y unos blue jeans.

— No — respondió el niño.

Ella insistió más, él se negó. La camiseta estaba manchada y arrugada. Rápidamente ella tomó a Adam por las mangas para quitarle la prenda. El niño dio un alarido y se zafó. Con un suspiro, Marjorie dejó la ropa y trató de persuadirlo de que se cepillara los dientes. No entendía por qué era tan complicado lograr que hiciera las cosas. Solamente sabía que, desde el momento en que se despertaba, todo el día era una batalla tras otra.

Después de amarrarle los cordones de los zapatos varias veces hasta que "quedaran bien", Marjorie se ocupó brevemente de Jeremy, que ya se había bañado, se había vestido y estaba jugando en su habitación. A veces le parecía que su hijo mayor era demasiado tranquilo y obediente; ojalá fuera un poquito más travieso. Pero los momentos de desobediencia de Jeremy eran tan infrecuentes y eran una reacción tan obvia a la atención que se le prodigaba a su hermano, que ella preveía problemas cuando Jeremy tuviera más edad. Ahora era imposible dedicarle más tiempo y atención, y esto aumentaba su sentimiento de culpa y de incapacidad.

En la cocina, Stephen había preparado café, y Marjorie aceptó agradecida una taza, mientras ponía cereal, mantequilla, azúcar y leche en la mesa. Las comidas solían ser desastrosas, pero a veces el desayuno era más fácil que la comida o la cena. Adam solía tener hambre por la mañana y le gustaban más los alimentos del desayuno que los otros. Siempre tomaba algún cereal azucarado con bastante leche y varias cucharadas de uvas pasas. Desmenuzaba el cereal con la cuchara hasta que lo volvía una papilla, y luego se comía las pasas, una por una, antes de comerse el cereal. Le gustaba usar el mismo plato todos los días: uno viejo en que comía desde que era un pequeño bebé, y que tenía un osito en el fondo.

Adam bajó tarde a desayunarse, después de varias llamadas y advertencias. Stephen terminó su desayuno y se fue a trabajar. Jeremy se dirigió al paradero del ómnibus, y Marjorie dejó a Adam en la cocina un momento mientras subía a mudarse para llevarlo al jardín infantil. Cuando regresó, vio que el niño había abierto la nevera y había derramado una botella de leche en el plato y sobre la mesa de la cocina. En ese momento estaba feliz untándose de leche en el piso. Impaciente, la madre lo agarró y le dio una buena nalgada, al tiempo que exclamaba: "¡Niño desobediente! ¡Eres un niño malo!" Siempre le pegaba y gritaba a Adam más fuerte que a Jeremy. ¡Pero es que se sentía tan tensa, tan descontrolada con él! Y peor aún, le parecía que el niño ni siquiera la escuchaba. Pensaba que si no le hablaba a gritos, él ni siquiera la oiría.

Camino del jardín infantil, a donde llevaba a Adam por las mañanas tres días a la semana, Marjorie se calmó y pudo disfrutar de la compañía de su hijo. Al pequeño le gustaba el automóvil y durante algunos minutos su madre podía hacerse la ilusión de que él era como los demás niños: buen compañero, simpático y agradable. Le sonrió y le dio un apretón de manos. Cuando él estaba así, ella descansaba y se sentía bien. Y cuando él le devolvía la sonrisa, era encantador. Esto era lo más curioso de Adam: A pesar de todos los problemas que formaba para ciertas cosas sencillas, seguía siendo un niño simpático, al menos a veces.

Cuando llegaron al jardín, Marjorie sabía que tendría que ser firme porque a él no le gustaba cambiar de actividad. Después del viaje en auto, el niño tendría que entrar en la escuela y eso solía ser motivo de alboroto. La madre abrió la portezuela y lo tomó del brazo para sacarlo. Lo hizo rápidamente porque las pataletas en la puerta de la escuela la hacían sentir muy mal. Otros niños llegaban corriendo felices; Adam arrastraba los pies, lloraba y gritaba. Una vez adentro, cuando veía a los niños correr, se emocionaba y participaba con entusiasmo en los juegos. Lo difícil era lograr que entrara.

Adam pasó las tres horas con un grupo de niños entre los tres y los cuatro años de edad. Le gustaban los juegos activos, pero sus maestras siempre lo vigilaban porque si se excitaba demasiado empezaba a golpear. Ya había pateado y golpeado a varios niños, y aunque le habían advertido que no se toleraría tal comportamiento, parecía que el niño no podía impedirlo. Cuando estaba demasiado excitado, agitaba los brazos si alguien se le atravesaba, si trataban de quitarle algo o si interrumpían su actividad. Las maestras habían aprendido a darle tiempo adicional para que se tranquilizara antes de pasar a otra rutina. Pero lo que las maestras no podían manejar era su renuencia a obedecer. Todos los días procuraban que se sentara tranquilo o que hiciera fila con los demás. Insistían, trataban de sobornarlo, lo castigaban, le alzaban la voz, pero nada funcionaba. Mientras los niños reunidos en grupo cantaban o escuchaban un cuento, él deambulaba por ahí; y si había fila para tomar agua, él tenía que meterse adelante a empellones. Le habían dado la queja a la madre y ella les había dicho que el niño era incapaz de estarse quieto mucho tiempo a la hora de la comida aunque sí era capaz de prestarle atención durante más tiempo a algún juego que le interesara. Las maestras aseguraban que Adam tendría problemas de adaptación cuando entrara en la escuela primaria.

Una de las actividades que lo mantenía quieto era pintar. Aquel día las maestras repartieron pinturas y pinceles para que los niños pintaran un cuadro de su casa. Adam se esmeró y pudo pintar una casa alegre y llena de colorido. También le gustaba pintar en su casa; su madre le ayudaba con gusto y lo animaba. Ni padres ni maestras podían reconciliar esta creatividad con su comportamiento "frenético".

A la hora del recreo, Adam se excitó demasiado y, empujando a uno de los pequeños, lo tumbó del columpio. El niño se cortó la rodilla al caer, y Adam estuvo a punto de pegarle en la cabeza con el columpio. La maestra le advirtió que no lo volviera a hacer, pero él miró para otro lado, como si no hubiera oído. Agarró una pelota y se fue corriendo.

Al final de la mañana Marjorie recogió a Adam, quien le presentó su pintura de la casa. Ella le dijo que estaba muy bonita, y ambos disfrutaron de un momento agradable. Pero luego ella dijo que tendría que volver a casa por una ruta diferente para comprar una botella de leche en el camino. Adam se enfadó. Le gustaba la otra ruta y estaba acostumbrado a ella. Se puso a protestar. Su madre presintió un problema, pero necesitaba la leche y otras cosas, de modo que fue a la tienda. Adam, encastillado en su frustración, no disfrutó del viaje en auto, y cuando llegaron al supermercado su madre tuvo que usar la fuerza para sacarlo del automóvil y sentarlo en el cochecito del supermercado. Le parecía que todo el mundo miraba a su hijo mientras éste, con la cara encendida, daba alaridos. No pudo silenciarlo ofreciéndole golosinas. El niño tiró las galletas al piso y rechazó las papas fritas. Estaba al borde de una pataleta. Marjorie suspendió las compras y, después de pagar unos pocos artículos, sacó al niño de la tienda. El mal humor persistió a la hora de la comida, que no quiso probar, y durante la "hora tranquila" en su alcoba. Su madre oía los golpes de los juguetes que tiraba por todas partes. De pronto, el niño dio un chillido agudo y salió de su alcoba gritando: "¡Mami!" Tenía una pequeña cortadura en el dedo, y al ver sangre se puso histérico. Marjorie lavó la pequeña herida y la cubrió con una curita pero él siguió quejándose casi durante una hora. Después de la escena en el supermercado, esto era demasiado para Marjorie, que tenía que recibir a Jeremy dentro de poco, luego terminar el aseo de la casa, preparar la cena y bañar a ambos niños. Cuando Jeremy llegó de la escuela, la madre envió a los dos niños al solar y se desplomó en una silla, demasiado agotada y abrumada para obrar. No transcurría un día sin media docena de crisis con Adam. Jamás había calma. Jamás había silencio. Nunca se podía pasar el tiempo tranquilamente.

Jeremy entró varias veces para informar sobre el mal comportamiento de su hermano. Adam le había quitado el bate de béisbol, Adam había perseguido al gato de los vecinos, Adam había pateado a Jeremy. El padre quería enseñarle a Jeremy a devolverle patada por patada, pero Marjorie no estaba de acuerdo. Stephen parecía *gustar* de la rudeza de Adam y opinaba que Jeremy era débil y "bobo". Esto creaba confusión respecto a la disciplina, haciendo aparecer como "bueno" el mal comportamiento de Adam y mostrando a Jeremy como un "santurrón". Marjorie estaba tan confundida con todo esto que hacía caso omiso de la interacción entre los hermanos con tal de que la dejaran sola un rato. Cuando acabaron de jugar afuera, los niños entraron a ver televisión. Siempre había peleas porque a Adam le gustaban los videos mientras Jeremy prefería *Plaza Sésamo*. Marjorie solía obligar a Jeremy a ver los programas favoritos de su hermano, pues Adam se quedaba pegado a la televisión durante más tiempo si el programa era uno de sus favoritos. Pero hoy Jeremy quería ver su programa, y hubo pelea, que terminó cuando voltearon una lámpara y la rompieron.

— ¡Van a ver lo que va a pasar cuando su padre lo sepa! — gritó Marjorie. En ese momento, Stephen llegó a casa y encontró a su esposa gritando, su hijo mayor bañado en lágrimas, el menor corriendo por la casa, y ningún indicio de cena.

Marjorie le exigió que disciplinara a los niños.

Stephen preguntó por qué no lo hacía ella:

— ¿Por qué no puedes controlar a estos niños? ¿Qué te pasa?

Marjorie lo acusó de ser insensible:

— Tuve un día espantoso y a ti ni siquiera te importa.

— ¿Y por qué te desahogas conmigo? — replicó su esposo —. ¿Y por qué esta casa nunca está en orden? ¿No podría tomarme un aperitivo cuando llego? ¿Qué te pasa? ¡No nos puedes atender a ninguno de nosotros!

Iracunda, Marjorie se fue a la cocina, donde, tirando puertas y ollas, comenzó a preparar la cena. Stephen les dijo a los niños:

— Déjenme en paz; váyanse de aquí. Luego vio la lámpara rota. Pasó al comedor a prepararse un trago. Cuando los padres de Adam peleaban, el niño se portaba peor. Esa noche tomó un marcador del cajón de la mesa y empezó a pintar la pared. Cuando Marjorie lo vio, le arrebató el marcador:

— ¡Niño malo! ¡Me dan ganas de matarte! — Exclamó —. ¡Vete a tu alcoba!

Adam se mantuvo firme. Se puso a mover alternativamente uno y otro pie.

— ¡Ya me oíste: Vete a tu alcoba! — Adam se fue para la sala y encendió el televisor.

— Voy a contar hasta tres — le dijo su madre —. O me obedeces o...

Ni siquiera sabía en qué forma amenazarlo. ¿Qué hacer ahora? ¿Apagar el televisor? ¿Acabar de preparar la cena? ¿Por qué no le ayudaba su esposo? Este había desaparecido. Estaba arriba en la ducha. Adam estaba de pie, frente al televisor, muy cerca de la pantalla donde ella le había advertido que no se parase. El niño no escuchaba a su madre. Era inútil.

— Adam, es mejor que obedezcas — le dijo. Luego regresó a la cocina. Adam siguió pegado a la pantalla hasta que estuvo lista la cena.

Cuando Stephen bajó, la lámpara rota había

desaparecido en una alacena, la mesa estaba puesta, los niños estaban viendo televisión y de la cocina llegaba el olor de la cena. Pensó con satisfacción que así era mejor. Luego vio la pared manchada y entró en la cocina para enfrentar a su esposa.

— ¿Cuándo sucedió eso?

— Hace un ratito — respondió ella sin levantar la vista de la olla —; castigué a Adam.

— ¿Sabes? El es un muchacho. Con los muchachos hay que tener firmeza. Yo lo sé muy bien. Yo también fui muchacho. Mi madre dice...

— Yo sé lo que dice — interrumpió Marjorie —. Adam no es como tú. Es mucho peor. No escucha y le dan unas pataletas horribles. Si hubieras visto lo que sucedió en el supermercado hoy...

— Tienes que ser más firme con él — insistió Stephen —. A mí sí me oye.

— Tú no estás con él todo el día — repuso su esposa, cansada.

— Bueno, yo me encargaré de él a la hora de la cena. Te demostraré cómo se hace.

— Buena suerte — dijo Marjorie para sí. Esa noche había pollo. A Adam no le gustaba, de manera que su madre le había preparado algo especial: una pizza individual que le gustaba. Esto causó un problema con Jeremy, que también pidió su plato favorito, y ella tuvo que prepararle un perro caliente.

Stephen se sirvió otro trago; luego hizo que los niños se lavaran las manos. Ya estaban listos para comer. Adam se negó. Quería seguir viendo televisión. Stephen apagó el televisor. Adam protestó con un alarido, y lo volvió a encender. Stephen lo apagó. Adam estiró la mano para mover el botón. Su padre le pegó en la mano con fuerza. Adam dio un chillido y lanzándole a su padre una mirada de fuego, se tiró al piso y gritó:

— ¡Televisión, televisión, televisión!

— ¿Quieres una nalgada? — exclamó Stephen—. Pues te la voy a dar. Levantó a su hijo. Adam seguía agitando las piernas y le dio un golpe a su padre. Stephen colocó al niño en sus rodillas y le asestó unas nalgadas. La pataleta continuó.

Jeremy observaba con ojos de asombro.

— ¡Vayan a comer! — les ordenó el padre a los dos niños. Jeremy obedeció inmediatamente. Adam pateó y gritó.

— ¿Me oíste? — rugió Stephen. Levantando en vilo a su hijo, lo llevó al comedor y lo plantó en una silla. Adam se levantó; su padre lo obligó a sentarse. Esto continuó durante cinco minutos hasta que Stephen se dio por vencido. Su hijo se tiró al piso en una pataleta. Marjorie empezó a servir la cena.

Después de unos minutos en que no le prestaron atención alguna al niño, Adam se tranquilizó y se dejó sentar. Se puso a oscilar las piernas y a golpear la mesa, pero nadie se dio por enterado. Jeremy se comió su perro caliente. Los padres se sirvieron pollo y verduras. Adam le dio un mordisco a su pizza y la escupió.

— ¿Qué pasa? — preguntó su madre.

— Sabe raro.

— Es la misma que siempre te doy — dijo Marjorie mintiendo. Había comprado una marca nueva de salsa de tomate porque era más barata. Adam siempre sabía cuando ella cambiaba de marca. Era imposible engañarlo. El padre, cansado del ajetreo, dejó que los niños se levantaran y fueran a ver televisión.

— Me rindo — dijo. Marjorie lo miró. El ni siquiera había estado en casa el resto del día.

— No te imaginas cómo es él — dijo desafiante.

— ¿Qué no? Pues tú no tienes que trabajar ocho horas y luego llegar a este caos.

Las voces subieron de tono. La discusión era la misma de siempre. Se atacaban a raíz de algún mal comportamiento de Adam. Stephen acusaba a Marjorie de no disciplinar al niño, y ella defendía a Adam porque era el "bebé" y porque era "perturbado". Stephen seguía con la acusación de que Marjorie "sofocaba" a su hijo, quien era simplemente un niño turbulento y revoltoso que necesitaba una mano firme que lo guiara y una nalgada de vez en cuando.

¿Por qué te da miedo ponerlo en su sitio? Tú eres su madre. Dejas que él haga lo que se le venga en gana. Una buena parte de este problema está en ti, te lo aseguro.

Ella dejó el tenedor y con ira respondió:

— Entonces quédate tú con él todos los días. Verás lo que hace. No es como los demás niños. No es como Jeremy. Pregúntales a sus maestras.

— Solamente estoy diciendo que si fueras más firme...

— Yo voy a lavar la loza y a bañarme. Encárgate tú de la firmeza.

Marjorie se levantó, y empujando con fuerza la puerta de vaivén, salió airada de la cocina. Stephen miró el reloj y decidió ponerles el piyama a los niños.

En la sala, Adam seguía pegado al televisor. Estaban presentando uno de sus programas favoritos: una película policiaca con sirenas ululantes, autos estrellados e incendiados y motocicletas rugientes.

— Adam y Jeremy — dijo Stephen con voz terminante —: es hora de acostarse.

Adam no se inmutó. Jeremy levantó los ojos y preguntó:

— ¿Dónde está mami?

— Está descansando.

— ¿Por qué? ¿Está enojada con nosotros? — preguntó Jeremy. Era un niño preocupadizo, siempre ansioso de agradar.

— Unicamente está cansada. Ahora vamos arriba.

— Mami dijo que teníamos que bañarnos — dijo Jeremy.

Stephen pensó que su hijo mayor se había convertido en un verdadero blandengue. ¿Sería porque Adam era tan desobediente y porque Marjorie lo complacía en exceso? Se sintió más disgustado con su esposa.

— Vamos niños.

Adam no se movió. Su padre apagó el televisor. Adam dio un grito penetrante. Stephen insistió:

— No, Adam; es hora de acostarse.

— ¡No! — bramó Adam. Su padre lo levantó en vilo. El niño empezó a patear y manotear. Stephen le dio una nalgada. Adam pateó más duro y mordió a su padre en la mano.

— Eres... — empezó Stephen, y le dio una cachetada. Adam se lanzó al piso dando alaridos. Jeremy se hizo a una lado mirando:

— A mami no le gustará esto — dijo —. Ella lo deja mirar lo que quiera.

— ¡Pues yo no! — respondió Stephen. Levantó a Adam cuidándose de las manos y piernas agitadas, y subió las escaleras. Colocó al niño en el piso del baño. La pataleta continuó. El padre le ordenó que se estuviera quieto. Lo amenazó con otra nalgada. Lo amenazó con no dejarlo ver más televisión. Gritó hasta que quedó ronco, y sin importarle ya que Marjorie oyera. ¡El le mostraría cómo dominar la situación! Cerrando la puerta del baño, se puso a esperar a que pasara la pataleta. Miró el reloj. Faltaba un cuarto para las ocho. A las ocho y media, Adam mostró señales de cansancio, y a las ocho y cuarenta y cinco la pataleta había casi terminado. Stephen se sintió molido. Decidió olvidarse del baño. Alzando a Adam, lo llevó a su alcoba. Jeremy ya estaba listo y con el piyama puesto. Por primera vez, Stephen sintió un alivio enorme viendo la obediencia de su hijo mayor.

— Bueno, vamos a ponernos el piyama — le dijo a Adam.

— No — replicó el niño.

Este niño era demasiado rebelde. Definitivamente, estaba buscando problema.

— Lo estás buscando — dijo Stephen —. Estás haciendo esto adrede. Y dijo para sí: Debe de estar enojado conmigo porque Marjorie no está aquí malcriándolo como siempre.

— Piyama no — dijo Adam.

— Vas a ponértelo aunque no te guste — dijo Stephen. Y agarró la camiseta que Adam llevaba puesta desde la noche anterior. El niño empezó a bramar.

— Mami lo deja dormir con el vestido puesto — dijo Jeremy desde la puerta.

— No quiero que me digas lo que hace mami — exclamó Stephen —. Yo lo haré a mi modo. Jeremy estalló en lágrimas y se encerró en su alcoba.

Stephen intentó arrancarle la ropa a Adam mientras el niño se retorcía y pateaba. ¿De dónde sacaría el niño tanta fuerza? ¿Por qué no estaba cansado y listo para acostarse después de tantas escenas emocionales y tantas pataletas?

Tras varios minutos de lucha, Stephen logró quitarle al niño los pantalones pero no la camisa. Decidió dejarlo así.

— Bueno — dijo jadeante —, es hora de acostarse.

— ¡Mami! — llamó Adam.

— Ya viene. Stephen se había imaginado que tendría al niño limpio, bañado y tranquilo con su piyama nuevo, acostado y listo para dormir. ¿Qué diría Marjorie cuando viera el caos en la alcoba de Adam? El niño tenía la cara sucia y manchada de lágrimas. Stephen no se había mostrado muy eficiente. Ni

siquiera sabía dónde estaba Jeremy ni qué hacer con
él. Adam era demasiado para él.

— Bueno, Adam, ahora vamos a dormir. Voy a
apagar la luz.

— ¡No! — chilló el niño.

— Sí. Es tarde y tienes que dormir.

— No tengo sueño. Quiero ver televisión.

— No. Es hora de acostarse. Adam empezó a
chillar.

— Está bien, puedes quedarte levantado pero
solamente en tu alcoba, y unos pocos minutos.

Adam dejó de gritar y se levantó a jugar con sus
cosas, que estaban dispersas por el piso. Abrumado,
Stephen bajó a servirse un trago. Ya no sabía qué
hacer. Se desplomó en un asiento y cerró los ojos.
Más tarde, cuando se hubiera repuesto un poco, le
pediría perdón a Marjorie. Las cosas eran muy diferentes de lo que él se había imaginado. No sabía cómo
ella podía hacerle frente a esto día tras día. Nunca se
había soñado que Adam fuese tan inmanejable.

◆

La situación de esta familia es un compuesto
basado en las experiencias de varias familias que
tienen niños extremadamente difíciles. Adam es un
niño sumamente activo, intenso, poco adaptable,
distraído e irregular; tiene un umbral bajo y se retrae
ante las situaciones nuevas. Mas por otra parte,
cuando no está descontento o enojado, tiene un
ánimo bastante alegre. Goza de las cosas, demuestra

creatividad artística, y bien manejado puede convertirse en un niño interesante, vigoroso y entusiasta. Pero esta familia tiene problemas. Los padres no encuentran ninguna solución, y es obvio que alguien o algo va a reventar. ¿Quién será? ¿Adam? ¿Su madre? ¿Su padre? ¿Su hermano mayor? ... ¿O el matrimonio? Y como este día hay muchos más, con sus series de crisis y enfrentamientos. Algunos son mejores, otros peores. Pero no pasa un solo día sin que el niño difícil afecte a las actividades y los ritmos de la vida cotidiana. Esta familia se mantiene perpetuamente a la sombra de su hijo.

SEGUNDA PARTE

UN PROGRAMA PARA SU HIJO DIFICIL

INTRODUCCION

Usted va a emprender ahora un programa que con diligente aplicación le permitirá mejorar la situación de su hijo y su familia. Los principios y técnicas que aprenderá los he empleado durante muchos años. Algunos están incorporados en el programa para las familias de niños difíciles que fundé en 1983 en el Centro Médico Beth Israel y en mi consultorio privado en la ciudad de Nueva York.

La filosofía del programa se basa en la convicción de que los padres pueden modificar sus actitudes y su comportamiento mediante la *educación*. Si aprenden a entender a su hijo difícil y su temperamento, empezarán a darse cuenta de qué le sucede a él y qué le sucede a la familia.

Poco a poco, usted se convertirá en *experto* en el temperamento y comportamiento de su hijo. Y como los expertos saben hacer bien las cosas, usted también las hará bien. Dejará de ser víctima de sus propios sentimientos porque podrá ver las cosas de modo imparcial y objetivo. Cada vez que adopte un punto de vista más neutral, será más flexible y tolerante, pero al mismo tiempo tendrá más autoridad y será más dueño de la situación.

Empezando el programa, lo primero que cambiará será su propia manera de pensar y reaccionar. Luego aprenderá ciertos principios y técnicas para el manejo de su hijo.

LOS CINCO ELEMENTOS DE SU PROGRAMA

Evaluación — Definición del problema

La primera parte del programa les ayuda a los padres a entender la situación. Estudiarán a su hijo y analizarán aspectos importantes de la familia, v.g. la reacción del padre y la madre ante el niño, la disciplina y otros temas importantes. Esta evaluación, que los padres mismos harán en el capítulo 6, sentará las bases para tomar decisiones acerca de su hijo y les presentará un panorama amplio de la situación de su familia.

Recuperación de la autoridad

Para recobrar el liderazgo paterno en la familia, es necesario aprender nuevas maneras de ejercer la autoridad. El capítulo 7 describe los principios de una disciplina clara y eficaz. Los padres se reeducarán para *pensar en función de temperamento y para obrar de acuerdo con el comportamiento,* en vez de reaccionar emotiva o instintivamente ante lo que parecen ser los motivos del niño. Los castigos serán menos frecuentes, pero al aplicarlos se lograrán resultados.

Los padres aprenderán a:

- Desenredarse, a separarse
- Adoptar una actitud neutral
- Pensar y evaluar antes de reaccionar
- Entender ese rompecabezas que es el comportamiento del niño característica por característica, a medida que lo relacionan con su temperamento difícil.
- Reemplazar el "¿Por qué me hace esto?" por un "¿Cómo podré entender mejor su comportamiento?"

A medida que los padres se hagan más expertos en su hijo, su relación negativa con él y la participación de usted en el círculo vicioso se cambiarán por una *actitud adulta* que enfatiza la firmeza, la bondad, la brevedad, los límites claros y la coherencia.

Técnicas de manejo

Una vez que los cónyuges hayan recobrado su posición de adultos y autoridad, combinarán su nueva actitud paterna con diversas técnicas de manejo orientadas hacia los aspectos temperamentales subyacentes en muchos de los conflictos, problemas y dudas que surgen diariamente con un niño difícil. El manejo, tal como empleamos aquí el término, es muy distinto del castigo. Se hace con mayor comprensión y se aplica al comportamiento del niño cuando "él no puede evitarlo". El mensaje que se transmitirá al niño es: "Yo te *comprendo"*. Las técnicas pueden mejorar muchos comportamientos debidos al temperamento que no se controlan únicamente con disciplina o castigos. Este material se presenta en el capítulo 8.

En el capítulo 9 aprenderemos a combinar las técnicas de manejo con el nuevo concepto de disciplina para tratar correctamente al niño en diversas situaciones.

En el caso de recién nacidos, el castigo ni siquiera entra en juego. Lo único que podemos hacer es tratar de entender el comportamiento y manejarlo de la mejor manera posible. No podemos cambiar al niño, convertirlo en un "bebé dócil". Pero si reconocemos su temperamento y aprendemos a manejarlo con los consejos del capítulo 10, podremos aliviar mucho las tensiones diurnas y nocturnas.

Orientación familiar

Son muchos los problemas que surgen por el "efecto de ondas" que tiene su origen en el niño difícil. Algunos se resolverán aplicando las técnicas de manejo, mientras que otros requerirán más atención. El capítulo 11 presenta sugerencias sobre aspectos de la vida familiar que requieren apoyo adicional. Esto incluye las relaciones con los padres, hermanos, otros parientes, compañeros, y secciones especiales sobre la escuela y el pediatra.

Si usted piensa que su hijo o su familia puede necesitar ayuda profesional más especializada, este capítulo también le indicará cuándo solicitarla y cómo escoger el profesional más apropiado.

Grupos de apoyo

El último aspecto del programa incluye consejos sobre la creación de grupos de apoyo para padres y madres. Se incluyen sugerencias sobre los temas de discusión para las reuniones, cómo ponerse en contacto con padres de otros niños difíciles y cómo dirigir el grupo. Aprenderemos a utilizar el "teléfono directo" con otras madres y cómo hacerles frente a los sentimientos de aislamiento y soledad. Los grupos de apoyo se pueden organizar con la ayuda de profesionales o sin ella. Todo esto se explica en el capítulo 11.

El programa busca un tratamiento integrado de todos los aspectos relacionados con la crianza de niños difíciles. No todas las familias necesitarán todos los aspectos del programa. Por ejemplo, la madre de un niño que sea básicamente dócil pero con algunas características de niño difícil, quizá solamente necesite modificar algunas de sus actitudes y aprender ciertas técnicas de manejo. Pero antes de decidir qué partes del programa se aplican a su caso, recomiendo que se lean en su totalidad los capítulos 6 a 11 en orden y sin saltarse nada.

6

EVALUACION DE
LA SITUACION:
El período de estudio
de diez días

Cuando los padres de un niño difícil me consultan por primera vez, generalmente puedo hacer algunas suposiciones acertadas: Tienen dificultades para criar a su hijo, se sienten frustrados y han perdido al menos parte de su autoridad. Si el niño es muy difícil, los padres también están confundidos, tal vez se sientan culpables y avergonzados, el matrimonio se resiente y piensan que ellos y su hijo son "diferentes".

Pero así como hay generalizaciones, también hay muchas diferencias. Los niños difíciles, como ya sabemos, no son iguales en todo, y tampoco lo son sus familias. Una vez enterado de los aspectos del niño y de su familia, puedo hacer algunas recomendaciones específicas. No lo puedo hacer en el caso de cada

lector, mas sí puedo ayudarle a hacer *su propia* evaluación del niño y de la familia. La idea es que ustedes, los padres, se conviertan en expertos.

El período de estudio de diez días

Ustedes comenzarán este proceso en los próximos
diez días. Si no pueden empezar inmediatamente,
señalen un bloque de diez días en el calendario y
resérvenlo para este fin. Durante estos diez días su
objetivo principal será familiarizarse cabalmente con
el temperamento de su hijo y con su comportamiento,
y la relación que hay entre una y otra cosa en diversas
situaciones cotidianas. También se analizarán ustedes mismos, lo mismo que sus reacciones ante el niño
y la situación general de la familia.

Durante este período ustedes deben hacer lo
siguiente:

• *Simplificar su vida.* Reducir a un mínimo los
compromisos sociales, no sacar al niño si no es necesario, facilitar al máximo la rutina diaria para ustedes, los padres.

• *Programar mucho tiempo para que el padre y la
madre discutan.* Esto es importantísimo. El proceso
de trabajar en evaluación requiere mucho diálogo.
Hablen de todo y traten de encontrar soluciones que
reflejen la opinión de ambos.

• *En un cuaderno especial, anoten sus respuestas
a los cuestionarios que siguen.* Muchos padres pen-
sarán que ésta es una tarea innecesaria; pero al escri-

bir las cosas, las ideas se aclaran; además, la evaluación escrita será útil más tarde cuando ustedes estén aprendiendo nuevas maneras de disciplinar y nuevas técnicas de manejo. También servirá como medida concreta el progreso cuando la situación empiece a mejorar.

• *Lo más importante de todo: eviten los castigos excesivos e ineficaces.* Traten de suspender la mayor parte de las amenazas, los gritos y las nalgadas mientras estudian la situación. Simplemente anoten en el cuaderno lo que ha sucedido. Y recuerden que los castigos que apliquen han de ser limitados y sumamente breves.

Este es un período muy difícil para muchos padres porque creen que están "claudicando", que el niño va a aprovecharse y que ellos perderán el último vestigio de autoridad.

No olviden nunca la meta. Están estudiando una manera nueva de pensar y un modo nuevo de reaccionar. Antes de aplicar algo nuevo, hay que suspender lo viejo. No es fácil desaprender algo ya establecido, aunque sea algo ineficaz. Se requiere tiempo.

EL PERFIL DE COMPORTAMIENTO DEL NIÑO

Analicen primero los *tipos* de comportamiento que causan problemas en la familia, las cosas que el niño hace que les causan a ustedes más problemas. He aquí una lista de los comportamientos más frecuentes y algunas de las maneras en que los padres los describen. Estas categorías servirán de guía para que los padres hagan su propia lista en su cuaderno.

Lean los siguientes comportamientos y anoten cuáles han observado en su hijo.

TIPO DE COMPORTAMIENTO	DESCRIPCIONES DADAS POR LOS PADRES
Desafiante	— Hace lo que se le viene en gana — No hace caso de lo que le digo — Hace exactamente lo contrario de lo que le digo
Oponente	— Se niega a escuchar — No obedece órdenes — Se demora para todo — Siempre tiene una excusa
Testarudo	— Tiene que salirse con la suya — No tolera que se le diga "no" — Increíblemente voluntarioso
Vergonzoso	— Muy tímido — Prendido de las faldas — Siempre esconde la cara — Se retrae
Exigente	— De gustos muy particulares — Caprichoso — Solamente quiere ciertas cosas — Muy difícil darle gusto — Exigente en los detalles que nadie más nota

TIPO DE COMPORTAMIENTO	DESCRIPCIONES DADAS POR LOS PADRES
Quejumbroso	— Se queja mucho — Hace mala cara — Gime — Nunca está satisfecho
Interrumpe	— Interrumpe la conversación de los adultos — No me deja hablar por teléfono
Intruso	— Invade mi intimidad — Entra en nuestra alcoba aunque se le diga que no
Expresiones verbales de enojo	— Usa malas palabras — Insulta a las personas, aun a los adultos — Grita
Malos modales	— Horrible en la mesa — Impertinente, irrespetuoso, respondón — Les arrebata los juguetes a otros niños — Grosero
Egoísta	— No comparte juguetes con los hermanos o los amigos — Todo es "¡mío!"
Comportamiento frenético	— Se sobreexcita — Se agita fácilmente — Crea alboroto — Puede ser destructivo; tira o rompe las cosas
Impulsivo	— Pierde el control — Estalla por pequeñeces — No puede controlarse

TIPO DE COMPORTAMIENTO	DESCRIPCIONES DADAS POR LOS PADRES
Agresivo	— Empuja a los demás — Golpea, patea, muerde a otros niños e incluso a los adultos
Pataletas	— Varían en su intensidad y duración

El siguiente paso es asociar el *tipo de comportamiento* del niño con las *situaciones o circunstancias* en que suele ocurrir. Es importante ver cómo un mismo comportamiento se puede manifestar en áreas muy diferentes. Por ejemplo, un niño "oponente" puede manifestar esta característica al vestirse (demorándose, perdiendo el tiempo), en la escuela (buscando justificaciones) y a la hora de las comidas (desatendiendo comentarios sobre los buenos modales). Los padres tienen toda la libertad para incluir en su lista cualquier situación o circunstancia que se aplique en su caso.

- Al levantarse por la mañana
- Al vestirse; ropa
- A la hora de comer; alimentos
- A la hora de acostarse; sueño
- Al ver televisión
- Al jugar
- Interacciones con otros adultos
- Actividades en familia
- Interacciones con hermanos

* Interacciones con amiguitos
* Interacciones con empleadas domésticas
* Escuela y maestros
* Sitios públicos

Para mostrar cómo se verá el perfil de comportamiento terminado, hemos incluido un ejemplo. Es el perfil elaborado por los padres de una niña sumamente difícil llamada Janie:

Perfil de comportamiento de Janie
Edad: 4 años

TIPO DE COMPORTAMIENTO	SITUACION O CIRCUNSTANCIAS
Oponente	— Al levantarse por la mañana — Al vestirse; ropa — A la hora de acostarse; sueño — A la hora de comer; alimentos
Testaruda	— Al vestirse; ropa — A la hora de comer; alimentos — Escuela y maestros
Exigente	— Ropa y comida
Tímida	— Interacciones con adultos — Sitios públicos
Quejumbrosa	— Al levantarse por la mañana — Al vestirse; ropa — A la hora de comer; alimentos — A la hora de acostarse; sueño

TIPO DE COMPORTAMIENTO	SITUACION O CIRCUNSTANCIAS
	— Actividades en familia — Interacciones con los hermanos — Sitios públicos
Egoísta	— Al ver televisión — Actividades en familia — Interacciones con amiguitos — Interacciones con los hermanos — Escuela
Pataletas	— Al vestirse; ropa — Sitios públicos

Este perfil de comportamiento es muy útil, pues nos ayuda a poner orden en nuestras impresiones confusas y a ver que el comportamiento indócil de nuestro niño obedece a cierto patrón interno y guarda alguna coherencia. Es posible que sus relaciones en la escuela guarden estrecha relación con aquella que tiene al vestirlo. Es así como un tipo de comportamiento puede causar problemas en diferentes circunstancias.

UN PERFIL TEMPERAMENTAL DE SU HIJO

En el proceso de aprender a tratar a su hijo, la mitad de la batalla está en reconocer los rasgos temperamentales que suelen causar su comportamiento dificil. Más tarde ustedes aprenderán que al encontrar un factor temperamental en su comportamiento, lo indicado no será *castigar* al niño sino *manejarlo*.

Ahora ustedes van a hacer un perfil temperamental de su niño. Saquen la información de la siguiente lista de características. Háganse preguntas acerca del temperamento del niño en cada una de estas áreas. ¿Es muy activo? ¿Es irregular? ¿Es intenso (ruidoso)? Se trata de especificar *cuán* difícil es el niño en cada una de estas áreas. Recuerden: la pregunta no es si el niño es muy difícil globalmente, sino más bien si es muy difícil, moderadamente difícil o ligeramente difícil en *un* área determinada.

Para dar una idea, a continuación del perfil temperamental de su hijo, en blanco, hemos incluido el de Janie, a modo de ejemplo.

Características difíciles

Alto nivel de actividad
Muy activo; siempre se mete en todo; cansa a sus padres; "corrió antes de caminar"; se agita o se "enloquece"; pierde el control; detesta verse limitado.

Distraído
Le cuesta trabajo concentrarse y prestar atención, especialmente si no está muy interesado; no "escucha".

Poco adaptable
Tiene dificultad con las *transiciones* y los *cambios* de actividad o rutina; sigue pidiendo y llorando por algo que quiere; testarudo; muy persistente si realmente

le gusta algo; parece "enfrascarse"; las pataletas son prolongadas y difíciles de suspender; se acostumbra a las cosas y no renuncia a ellas; tiene gustos insólitos por alimentos y prendas.

Retraimiento o rechazo inicial
No le gustan las situaciones nuevas: nuevos lugares, personas, alimentos o ropa; se echa para atrás o protesta llorando o aferrándose; si se le obliga a seguir adelante puede tener una pataleta.

Alta intensidad
Un niño "ruidoso", cualquiera que sea su estado de ánimo: enojado, triste o feliz.

Irregular
Imprevisible. No se sabe cuándo tendrá hambre o sueño; conflictos a la hora de comer y de acostarse; cambios repentinos de ánimo; se despierta de noche.

Bajo umbral de sensibilidad
Es sensible a los sonidos, las luces, los colores, las texturas, la temperatura, el dolor, los sabores o los olores; la ropa tiene que "sentirla bien", y es un problema vestirlo; no le gusta el sabor de muchas comidas; tiene sobrerreacciones ante cortaduras o raspaduras menores; siente calor cuando los demás tienen frío; tiende a sobreexcitarse; le pueden dar pataletas.

Estado de ánimo negativo
Básicamente serio o malhumorado. Quejumbroso. No es un "niño contento".

Su hijo

	MUY DIFICIL	MEDIANAMENTE DIFICIL	LIGERAMENTE DIFICIL
Nivel de actividad	☐	☐	☐
Distracción	☐	☐	☐
Adaptabilidad	☐	☐	☐
Acercamiento/Retraimiento	☐	☐	☐
Intensidad	☐	☐	☐
Regularidad	☐	☐	☐
Umbral de sensibilidad	☐	☐	☐
Estado de ánimo	☐	☐	☐

Perfil temperamental de Janie
Edad: 4 años

	MUY DIFICIL	MEDIANAMENTE DIFICIL	LIGERAMENTE DIFICIL
Nivel de actividad	☐	☐	☐
Distracción	☐	☐	☐
Adaptabilidad	☑	☐	☐
Acercamiento/Retraimiento	☐	☑	☐
Intensidad	☐	☑	☐
Regularidad	☐	☑	☐
Umbral de sensibilidad	☑	☐	☐
Estado de ánimo	☑	☐	☐

RELACION ENTRE EL COMPORTAMIENTO Y EL TEMPERAMENTO

Cada vez que logren ustedes relacionar el comportamiento del niño con algún rasgo del temperamento difícil, se sentirán menos desconcertados. Regresen ahora al perfil de comportamiento que hicimos para el niño. Analicen cada tipo de comportamiento y las circunstancias en que se presenta. Pregúntense: ¿Es posible relacionar este comportamiento con el temperamento de mi hijo? Cada vez que vean un nexo pongan una "T" al lado del comportamiento. Esto se debe hacer aunque el nexo no sea ciento por ciento claro. Por ejemplo, el comportamiento quejumbroso puede asociarse claramente con la falta de adaptabilidad (cuando se trata de una transición), pero en otras ocasiones puede ser un medio de manipular a los demás. En tales casos, ponga la "T" al lado del comportamiento, pero teniendo en cuenta las reservas.

A manera de ilustración, relacionemos el comportamiento de Janie con su temperamento.

Su comportamiento testarudo y oponente suele manifestarse cuando la visten. Insiste en ponerse los mismos jeans viejos. No le gustan ciertas prendas o dice que le incomodan. Esto se debe a su mala adaptabilidad y al bajo umbral sensorial, o sea su excesiva sensibilidad al tacto. Si el tema de la ropa se convierte en problema para su madre y si ella insiste en que Janie use ciertas prendas, ello puede desembocar en una pataleta.

Las dificultades a la hora de acostarse se deben a su ritmo de sueño irregular, evidente desde la infancia. Los padres tratan de obligarla a dormir, pero ella no tiene sueño a la misma hora todas las noches y por eso la hora de acostarse se convierte en una lucha.

El comportamiento testarudo y exigente a la hora de la comida puede atribuirse a una combinación de factores: mala adaptabilidad, bajo umbral a los olores y sabores y ritmos irregulares en el apetito.

La actitud egoísta de Janie, que se manifiesta con la televisión (insiste en ver *sus* programas solamente), lo mismo que en la interacción con sus amiguitos y hermanos y en su comportamiento en la escuela y en las actividades familiares, puede asociarse con su falta de adaptabilidad. Se "encastilla" en lo que está haciendo y no quiere cambiar.

Su timidez, manifestada como apego y retraimiento ante los extraños y en los lugares públicos, puede deberse a la característica de retraimiento inicial y a su bajo umbral, que producen un exceso de estímulos en general. Llevado al extremo, esto también puede producir una pataleta.

En la escuela, gran parte de su comportamiento difícil se relaciona con el problema de las transiciones, de los cambios de rutina y la dificultad para compartir. Esto también se debe a su escasa adaptabilidad.

Por último, el comportamiento quejumbroso y "malhumorado" de Janie puede relacionarse con su ánimo negativo.

Nótese que los padres de Janie se abstuvieron de calificarla en dos áreas: nivel de actividad y distracción, pues la niña no tiene ninguno de estos dos problemas.

A medida que ustedes revisen el perfil temperamental de su hijo, se pueden sorprender al ver cuántos comportamientos han podido relacionar directa o indirectamente con alguna característica temperamental innata. Esta información es crucial para el éxito del programa, y ustedes volverán a ella una y otra vez en las próximas semanas.

ASPECTOS FAMILIARES

En la primera parte de este libro explicamos el círculo vicioso y las maneras en que un niño difícil afecta a su familia. Ahora quisiera que ustedes analizaran su propia situación para ver cómo está siendo afectada *su* familia. Es sumamente importante que ustedes lo hagan como pareja. No es necesario que elaboren una lista, pero sí debe haber mucha discusión. Traten de ver las cosas desde el punto de vista de cada uno.

---

1. *¿Cuál es el efecto sobre la madre?*

   Esto incluye problemas como agotamiento, desconcierto, sensación de soledad, incapacidad, sentimiento de estar marginada y de ser "diferente", culpabilidad y enojo.

2. *¿Cuál es el efecto sobre el padre?*

¿Se siente excluido de la relación madre/hijo? ¿Le parece que su esposa cumple mal su tarea de madre? ¿Se siente también enojado, culpable o agotado?

3. *¿Cuál es el efecto sobre los hermanos?*
   Esto incluye, por ejemplo, casos en que los hermanos se vuelven "demasiado buenos" en contraste con el niño difícil, o se vuelven "malos" para llamar la atención, o se sienten desairados, o se vuelven retraídos.

4. *¿Cuál es el efecto sobre la pareja?*
   ¿Sienten que ya no tienen tiempo el uno para el otro? ¿Tienen discusiones frecuentes sobre cómo manejar el niño? ¿Se culpan mutuamente? ¿Están sufriendo en general sus relaciones?

5. *¿Cuál es el efecto en las relaciones de ustedes con el resto de la familia?*
   Esto incluye las relaciones con los padres de ustedes, los parientes políticos, los hermanos y las hermanas. ¿Los miembros de la familia los critican a ustedes por la manera como están educando a su hijo? ¿Se han afectado negativamente las reuniones familiares? ¿Tiene usted altercados con su madre o con su suegra (o con ambas) por el niño?

6. *¿Se están agravando otros problemas familiares?*
   Es posible que se acentúen los problemas de alcohol, dinero, la tendencia hacia la depresión y otros problemas.

Rogamos no utilizar el diálogo como una oportunidad para frotar sal en las viejas heridas, para culparse o para reanudar los viejos altercados. Lo que hay que hacer aquí es escuchar para recibir información *nueva* acerca de los sentimientos, las opiniones y las reacciones de los miembros de la familia. *Todas* las familias que tienen niños difíciles se ven afectadas por ellos en alguna medida.

EFECTOS SECUNDARIOS

Sabiendo ya cómo el círculo vicioso afecta a los padres y a la familia, es tiempo de analizar cómo afecta al niño difícil. El también puede sufrir problemas secundarios como consecuencia de las tensiones y fricciones que hay en su familia. Pregúntense si su niño presenta alguno de los siguientes efectos secundarios:

	SI	NO
Parece enojarse mucho	☐	☐
Se aferra (aun cuando no se trata de retraimiento inicial)	☐	☐
Se muestra temeroso con frecuencia	☐	☐
Tiene pesadillas frecuentes	☐	☐
Es hipersensitivo y se descompone fácilmente	☐	☐
No parece que guste de sí mismo	☐	☐
Dice cosas como: "Yo soy malo"	☐	☐

Muchos de estos problemas se mitigan al irse aplicando los principios del programa. También aprenderán ustedes algunos enfoques de comprensión, para tratar específicamente problemas secundarios. Más tarde, si los problemas persisten a pesar de mejorar el ambiente familiar, es posible que ustedes necesiten ayuda adicional para su hijo.

¿ES EFICAZ SU DISCIPLINA?

La disciplina ineficaz constituye uno de los mayores problemas de las familias con un niño difícil. Traten de responder honestamente las siguientes preguntas. El propósito no es hacerlos sentir mal sino hacerlos caer en la cuenta de los métodos que sencillamente no funcionan con un niño difícil. Las respuestas afirmativas indican técnicas ineficaces y frustraciones que *pueden eliminar*. La solución, aunque parezca extraño, no es *redoblar* la disciplina sino *reducirla*, como veremos en el siguiente capítulo:

	SI	NO
¿Suele usted gritarle mucho?	☐	☐
¿Se rebaja al nivel del niño? (v.g. si él le pega, ¿usted también le pega?)	☐	☐
¿Lo castiga mucho más de lo que usted quisiera?	☐	☐
¿Usted siempre le está diciendo "no" al niño?	☐	☐
¿Tiene que repetir las cosas?	☐	☐
¿Pelea mucho con él?	☐	☐

	SI	NO
¿Está dándole explicaciones constantemente?	☐	☐
¿Acaba por hacerle prometer que "no lo volverá a hacer"?	☐	☐
¿Vive haciéndole amenazas, las cuales no piensa cumplir?	☐	☐
¿Reacciona usted excesivamente con un fuerte castigo por una falta, y posteriormente usted se da cuenta de que la falta no tenía mucha importancia?	☐	☐
¿Le sucede a veces que no sabe cómo reaccionar?	☐	☐
¿Le parece que el niño tiene más poder que usted?	☐	☐
¿Encuentra que cuanto más lo castiga, más insiste él en hacer lo indebido?	☐	☐
¿Lo regaña todo el tiempo?	☐	☐
¿Varía sus métodos de castigo con frecuencia?	☐	☐
¿Cede usted mucho?	☐	☐

Ahora piensen en las cosas que han hecho para manejar al niño y que *sí* han dado resultado. ¿Han tomado alguna medida espontánea que tal vez ni siquiera consideraron "disciplina" y vieron con sorpresa que el niño respondió? ¿Hay algún castigo que parece ser especialmente eficaz? Hay que reconocer los éxitos y anotarlos, aunque parezcan relativamente pocos; esto nos ayudará más tarde a encontrar soluciones originales para el niño y la familia.

Una última palabra

Lo que ustedes saben acerca de su situación es:

- El tipo de comportamiento que les causa más problemas
- Dónde ocurre este comportamiento
- Los rasgos temperamentales subyacentes asociados con parte del comportamiento
- Si las tensiones del círculo vicioso están afectando o no a la familia
- Si el niño de ustedes está dando señales de efectos secundarios
- La eficacia o ineficacia de la disciplina de ustedes

Ahora van a aprender lo que hay que hacer para corregir todo esto.

7

RECUPERACION DE LA AUTORIDAD PATERNA:
Una disciplina que funciona

Una de mis tareas más difíciles en el programa es convencer a los padres que deben abandonar la disciplina que han estado aplicando. Aunque saben que sus métodos no funcionan, les asusta la idea de "tener que empezar de nuevo".

La "autoridad" que han intentado imponer casi siempre es ineficaz: Dicen "no" mucho más de lo necesario, se dejan enredar en luchas de poder, se rebajan al nivel del niño y recurren a los gritos, las amenazas y los golpes.

El objeto de este capítulo es ayudarles a los padres a cambiar la disciplina ineficaz por una actitud adulta, bondadosa, firme y práctica basada en el entendimiento que ustedes van a adquirir del nexo que hay entre comportamiento y temperamento. Los padres castigarán mucho menos, pero el castigo será eficaz.

Ya es hora de que ustedes empiecen a reaccionar

ante el comportamiento dificil de su hijo de manera diferente. En vez de reaccionar emocional e instintivamente, ustedes aprenderán gradualmente a desprenderse, a pensar, a evaluar y — solamente después de ello — a actuar.

LA NEUTRALIDAD: RAZONAR, NO SENTIR

A fin de poder manejar con éxito el comportamiento de su niño, ustedes tienen que adoptar antes una actitud objetiva. La clave aquí es la *neutralidad*. Por tanto, cada vez que el niño se porte mal:

- No reaccionen emocional o instintivamente.
- Despréndanse y permanezcan tan neutrales como les sea posible.
- ¡Piensen! Recuerden que su respuesta debe surgir no de sus *sentimientos* sino de su *pensamiento*.
- No lo tomen como cosa personal. Cada vez que se pregunten: "¿Por qué me hace a mí esto?" sus sentimientos quedan automáticamente involucrados y están recorriendo un camino equivocado.
- Concéntrese en el comportamiento de su niño, no en los motivos ni en el estado de ánimo de él.

Ustedes están tratando aquí de bloquear sus acostumbradas reacciones naturales. Así que deténganse a pensar y, refrenen sus antiguas reacciones automáticas ante el comportamiento del niño: el "no" automático, las amenazas, los gritos. Traten de hacer caso omiso de los sentimientos de ustedes, y cámbienlos por la actitud de un profesor que estudia un tema. Deben procurar asumir una actitud tranquila y serena.

¿Significa esto que se han de convertir en un padre o una madre autómatas que solamente reaccionan ante su hijo de una manera calculada y fría? ¡De ninguna manera! Cuando estén más seguros de su autoridad y de su relación con él, la espontaneidad podrá regresar. Pero deben recordar que en un círculo vicioso muy arraigado las acciones instintivas son tan malas para los padres como para el niño. Para aprender una nueva forma de ser espontáneos tienen que aprender a desprenderse.

Si logran reaccionar de esta nueva manera una de cada tres veces, se estarán encaminando hacia el éxito. No se desanimen si no siempre funciona. Nadie se despoja de sus viejos hábitos de la noche a la mañana.

PREGUNTENSE: ¿ES EL TEMPERAMENTO?

Cada vez que puedan relacionar un comportamiento con un rasgo temperamental, estarán mucho mejor capacitados para obrar acertadamente. Si un comportamiento tiene sus raíces en un rasgo temperamental, el niño en cierto modo "no puede evitarlo". Traten de reconocer esta situación. Si pueden establecer el nexo entre el temperamento propio de un niño difícil y un mal comportamiento, su actitud se tornará más comprensiva.

Durante los diez días de estudio, deben centrarse en el comportamiento, el temperamento y el nexo entre los dos. Sigan buscando estos nexos y añadan cualquier observación nueva. (En el capítulo 8 aprenderán las técnicas para manejar el comportamiento relacionado con los rasgos temperamentales.)

Ahora bien, cada vez que el niño haga algo malo, irritante o molesto, pregúntense si ese comportamiento está relacionado con el temperamento. Al niño le da una pataleta. ¿Qué la desencadenó? ¿Fue un cambio de actividad? ¿Una prenda nueva? ¿Un almacén lleno de gente? No hay que pasar por alto ningún factor, por pequeño que sea. ¿A la niña le da una pataleta cuando le piden que se mude de ropa interior? Pregúntense cómo es la nueva ropa interior. ¿Es lila en vez de blanca? La niña puede ser sumamente sensible a los colores como parte de su bajo umbral sensorial y expresará esta sensibilidad con fuerza.

También deben buscar situaciones de transición, porque pueden precipitar comportamientos problemáticos en los niños mal adaptados. El solo hecho de llamar al niño a comer si está jugando afuera basta para ocasionar una protesta airada. Por tanto, si el niño se muestra inconforme, deténganse a ver si se trata de una situación que le exige un cambio: suspender una rutina, cambiar de actividad, alterar el ritmo; todo esto puede originar oposición en el niño.

PREGUNTENSE: ¿ES RELEVANTE?

Una razón por la cual las medidas disciplinarias suelen ser ineficaces es porque los padres se sienten tan irritados con el niño que reaccionan prácticamente ante *todo* lo que él hace. Cuanto más reaccionen, peor será el comportamiento del niño. En cierto modo, el pequeño logra que se le preste todavía más atención. Prodigarle demasiada atención, aunque sea negativa, es una "recompensa" tan grande para él que en la práctica sirve para *reforzar* el comportamiento indeseado. Los padres deben controlarse, aprender a no reaccionar ante muchas situaciones y hacerse preguntas como: "¿Es algo realmente importante?" "¿Puedo pasarlo por alto?" "¿Qué sucedería si me limitara a esperar?" "¿Qué podría yo perder si no hiciera nada?"

Para ayudarse ustedes a limitar sus reacciones, necesitarán una última lista. En el Programa del Niño Difícil les pido al padre y a la madre que elaboren por separado listas de los comportamientos más irritantes de su hijo. Esto es lo que llamamos el "comportamiento relevante": *el comportamiento que, hablando objetivamente, ustedes como padre o como madre se sienten realmente obligados a modificar.* Al analizar cada comportamiento, pregúntense en forma muy realista cuánto pueden esperar. Por ejemplo, aunque los buenos modales en la mesa les parezcan importantes, ¿es posible que ustedes estén reaccionando excesivamente ante ciertas cosas? Tal vez deben pasar por alto algunos de su modales en la

mesa. Traten de incluir en su lista de "comportamientos relevantes" solamente aquéllos que sean
realmente importantes.

Una vez que hayan elaborado sus listas, y habién-
dose cerciorado de que éstas son cosas objetivamente
relevantes (deben revisar su lista y preguntarse una
vez más si cada punto lo es), deben intercambiar las
listas. Lo más probable es que haya algunas diferencias. Entonces deben analizarlas para concertar
una sola lista de comportamientos que para ambos
son relevantes. En estas deliberaciones, nuevamente
deben tratar de basar sus conclusiones en el razona-
miento objetivo y no simplemente en la irritación.
Por ejemplo, muchas madres se ven enfrascadas en
una lucha de poder por lo que el niño se ponga o lo
que tome al desayuno. Dicen cosas como: "No escucha ni hace lo que le conviene; siempre quiere
salirse con la suya". Entonces todo se convierte en
problema: el hecho de que la niña pida papas fritas
al desayuno en vez de cereal asume las proporciones
de una crisis. La madre se preocupa demasiado por
el aspecto nutritivo. Le inquieta el futuro. Vacila entre el enojo y la transigencia. Mas por ahora, la madre
debe tratar de considerar todo este comportamiento
como irrelevante (salvo que el pediatra exprese
preocupación por el estado nutricional del niño). Más
tarde, cuando el ambiente familiar haya mejorado,
ella podrá ocuparse nuevamente de las papas fritas.
Otro comportamiento sumamente irritante de estos
niños difíciles es el uso de malas palabras y la inso-
lencia. Muchos niños difíciles les dicen a sus padres

"estúpidos" o cosas peores, y los padres se descomponen mucho por esto. Por el momento, y pensando en los propósitos de su lista, traten de considerar este comportamiento como irrelevante. Reitero que *más tarde habrá tiempo para corregirlo*. Ahora hay cosas de importancia más inmediata, y éstos son los asuntos en que ustedes deben concentrarse:

He aquí algunas pautas que les ayudarán a concentrarse más:

1. No incluyan motivaciones sino únicamente comportamientos. Concéntrense en el hecho de que la niña se niega a mudarse de ropa, no en que se niega a mudarse porque "siempre quiere salirse con la suya".

2. ¿Es esto *importante*? Olvídense de la irritación que les causa. ¿Es realmente importante el hecho de que haga ruido golpeando los juguetes? ¿O es más importante el hecho de que golpea a sus hermanos?

3. ¿Se trata de un punto importante para *ambos* padres? La lista final tiene que elaborarse de común acuerdo.

4. ¿Han sido ustedes *objetivos*? Despréndanse de la lista (y del niño) y procuren hacer una evaluación racional del comportamiento. No hagan las listas cuando el niño esté por ahí cerca. Deben hacerlas en un momento de calma. Siéntense en una habitación silenciosa, sin distracciones como la televisión, y háganlo cuando tengan tiempo suficiente para hablar a fondo; no escriban las cosas precipitadamente para "salir del paso".

5. ¿Cuál es el *grado* o alcance del comportamiento dificil? ¿Sucede todos los días, o apenas de vez en cuando?

6. No se ocupen de las proyecciones hacia el futuro. Ocúpense del *presente*. No se trata ahora de moldear la personalidad que tendrá el hijo adulto. ("¿Qué será de él si permito que diga malas palabras, que tenga malos modales, que se esconda de los extraños? Me temo que saldrá mal".)

Este proceso de escoger y discutir una lista de comportamientos *realmente relevantes* acordada entre padre y madre no es tarea fácil. No se desanimen si no parece salir bien inmediatamente. Es posible que necesiten dedicarle más tiempo del que se imaginaban. Pero hay que poner énfasis en la importancia de este proceso porque la lista servirá de base para una disciplina eficaz, y el concepto de comportamiento relevante versus irrelevante será utilizado en todas las situaciones que exijan autoridad paterna.

La lista final se pasa en limpio al cuaderno bajo el título de "comportamiento relevante".

Nota final: No vacilen en cambiar o refinar las definiciones de la lista. Es posible que surja algo importante que debe incluirse. O quizá decidan eliminar algún punto.

Como ayuda para esta tarea, veamos las listas elaboradas por Susan y David a propósito de Robby, su hijo de tres años y medio. El primer intento concluye con el siguiente par de listas:

LISTA DE LA MADRE	LISTA DEL PADRE
Come demasiados perros calientes	Hace mala cara; siempre está de mal humor
Muerde a los otros niños	No agradece los regalos
No comparte los juguetes	Toca todas mis cosas
Rompe cosas deliberadamente	No me escucha
Tiene largas pataletas	Se porta mal con los extraños
No se pone nada nuevo	Ve demasiada televisión
Tiene modales espantosos en la mesa	Se pasa a nuestra cama por la noche
Da alaridos mientras se baña	Llora demasiado
Siempre quiere hacer su voluntad	Muerde a los niños
No lo puedo llevar a ninguna parte	Le dan fuertes pataletas

Ahora intercambian listas y empiezan a dialogar. David, el padre, empieza por preguntar: "¿Por qué come tantos perros calientes? ¿Te molesta eso mucho?" Susan explica que suele darle al niño perros calientes al almuerzo porque le gustan y es más fácil que prepararle algo complicado que va a rechazar. Después de hablar, comprenden que el asunto de los perros calientes no es tan importante: su hijo goza en general de buena salud y el pediatra les ha dicho que no se preocupen por sus hábitos alimentarios. Los perros calientes se tachan de la lista. Susan nota que David ha puesto en su lista: "Se pasa a nuestra cama por la noche". Esto no le molesta a ella. "Pero la alcoba es nuestra, y creo que debe ser privada", responde David. Susan tiende a proteger al niño y le preocupan sus temores nocturnos. David insiste en que la pareja debe estar sola. Después de mucha deliberación, el punto se queda en la lista de cosas importantes. Descartan los modales en la mesa porque comparados con las pataletas y el hábito de morder parecen mucho menos importantes. Susan señala que el punto de David "No me escucha" no es específico y requiere modificación. El a su vez señala que romper cosas deliberadamente tiene que ver con la motivación. Susan piensa que la mayoría de las veces es por accidente. Acuerdan que pondrán ciertas cosas fuera del alcance de Robby y que lo vigilarán más cuando esté agitado. También concuerdan en decir que la gritería durante el baño no es tan grave. Terminado el diálogo, su lista de cosas importantes queda así:

Pataletas largas y severas
Muerde a los otros niños
No podemos llevarlo a ninguna parte
No se pone nada nuevo
No obedece
Hace mala cara; siempre está de mal humor
Se pasa a nuestra cama por la noche
Llora demasiado

No está mal como lista de comportamientos importantes, mas podría refinarse un poco. "No se pone nada nuevo" es algo relacionado con el temperamento. Este niño tiene un bajo umbral sensorial y es sensible al roce de la ropa nueva; o bien puede ser falta de adaptabilidad, o ambas cosas. No le gustan las cosas "nuevas" porque le choca el cambio. Si hacemos un análisis más a fondo, descubrimos que si bien el asunto es molesto para el padre y la madre, es algo que pude evadirse. La ropa nueva puede lavarse primero para suavizarla. La madre podría comprarle prendas iguales a las que ya le gustan y evitar así parte del conflicto. O podrían hacer caso omiso de este problema por el momento tratando de no disgustarse tanto por la ropa que el niño lleve. "Hace mala cara; siempre está de mal humor" también puede ser una expresión del temperamento (ánimo negativo); pero aunque esto no es totalmente cierto, no es una clase de comportamiento que merezca castigo. Los problemas relacionados con el temperamento se manejan de una manera especial, como veremos en el siguiente capítulo.

Sean lo más específicos posible con respecto al comportamiento del niño. Susan escribió: "No puedo llevarlo a ninguna parte", pero esto es una expresión de su propia desesperación y no describe el comportamiento inaceptable. ¿Por qué no puede llevarlo a ninguna parte? ¿Por qué le dan pataletas? ¿Por qué gime, se aferra o se desenfrena? ¿Hay factores temperamentales aquí? ¿Cuándo y dónde parece excesivo y fuera de lugar el llanto de Robby? ¿Hay situaciones especiales que lo desencadenan? En cuanto "No obedece", es posible que Susan y David estén exigiendo obediencia en demasiadas situaciones. Convendría definir con claridad los casos específicos de desobediencia.

Lo que se busca es una lista final con cinco o seis

comportamientos que, en concepto de ambos padres, tienen que cambiar. Estos podrían incluir: pataletas; agresividad física (como morder); intrusión indebida en la vida de los padres (pasarse a su cama); desobediencia (cuando se le dice que apague el televisor o que se salga de la ducha); comportamiento desenfrenado en público (sale corriendo o agarra las cosas en el supermercado).

LA DISCIPLINA EFICAZ

Una vez que ustedes hayan determinado que cierto comportamiento no se debe al temperamento pero sí es relevante (es decir, lo bastante importante como para no soportarlo más), ¿qué deben hacer? Deben reaccionar tomando medidas eficaces.

Recuerden que el castigo es únicamente un aspecto de la disciplina. La disciplina, tal como empleo aquí el término, se refiere a la actitud general de la autoridad adulta de ustedes; cómo establecen las reglas; la brevedad y firmeza de ustedes; la coherencia y la viabilidad: todas estas cualidades son parte de la disciplina. Cuando el niño se dé cuenta de que sus padres llevan las riendas, ustedes tendrán que castigarlo mucho menos, y en caso de que ustedes deban castigarlo, lo harán con éxito.

Métodos de castigo

Ya que hemos aclarado y especificado los comportamientos relevantes del niño, podemos también especificar y reducir los tipos de castigo. No necesitamos 25 métodos disciplinarios; probablemente basten tres.

Basados en su experiencia, escojan tres tipos de castigo que sean breves, comprensibles y pertinentes y que no los hagan sentir incómodos. En caso de duda, pueden consultar la siguiente lista:

1. Castigar al niño enviándolo a su alcoba por poco tiempo.

2. Quitarle un privilegio por una vez (por ejemplo, un programa favorito de televisión) o quitarle un juguete.

3. Una nalgada (un solo golpe) de vez en cuando, para que cale.

Apliquen solamente estos tres castigos (o los tres que hayan escogido). Traten de no castigarlo de otras maneras y recuerden: No levanten la voz, no griten, no den demasiadas explicaciones, no amenacen si no piensan cumplir la amenaza.

Muchos lectores estarán pensando: "Esto no puede ser serio. Hemos ensayado tantas cosas que han fracasado, y ahora nos dicen que hagamos la décima parte de lo que hemos hecho. No tendremos éxito".

Sí tendrán éxito. Porque aquí, *hacer menos es hacer más*. Que el castigo sea claro, que sea firme, que sea sencillo.

El castigo es simbólico

Lo que la mayoría de los padres ignoran es que la severidad y grado del castigo no son tan importantes.

Dejarlo solo en su alcoba cinco minutos impresiona al niño casi tanto como dejarlo 60 minutos. En realidad, no es razonable esperar que un niño pequeño permanezca largo tiempo encerrado.

Ustedes no pierden su autoridad si el castigo les parece "suave". El hecho de que planteen lo que van a hacer y que cumplan hace que el castigo sea eficaz. Como regla general, pues, el castigo debe ser razonable. Y recuerden que una sola nalgada es tan eficaz como una tunda. Lo importante es castigar con actitud seria y hasta amenazante. El tono debe comunicar el hecho de que ustedes llevan las riendas y que la cosa es en serio. Que el niño comprenda la gravedad y la firmeza de sus intenciones.

Claridad en las reglas y consecuencias

Todo niño funciona mejor cuando sabe que sus padres hablan en serio. Cuando haya comportamiento específico prohibido en el hogar vendrá siempre un castigo específico. Las reglas deben ser claras y fáciles de comprender. De esta manera, el niño sabrá exactamente lo que se espera de él. Es una r*egla*.

En primer lugar, decidan qué reglas básicas necesitarán para controlar el comportamiento relevante. Luego explíquenselas al niño de la manera más sencilla y objetiva: "Hay una regla nueva en esta casa. De ahora en adelante no permitimos que le pegues a nadie. Si lo haces, te vamos a castigar enviándote a tu alcoba". La primera vez que el niño intente pegarle a su hermanita pueden recordarle la regla. Pero si lo hace por segunda vez, actúen con prontitud y eficacia.

Tienen que aplicar el castigo. El niño le pega a su hermanita. Le dicen ustedes que quebrantó la regla y lo envían inmediatamente a su alcoba.

El castigo debe administrarse tan pronto como sea posible cuando haya conducta indebida. No hay que aplazarlo.

Castigar el comportamiento únicamente

Si ustedes le habían hecho entender con claridad al niño que determinada conducta es inaceptable, y él incurre en esa falta, definitivamente deben castigarlo. Sin embargo, hay que evitar que él se sienta despreciable porque se portó mal. Eviten las expresiones como "niño malo" o "niña mala". Hay que transmitirle el mensaje de que determinado comportamiento no es aceptable, pero no que el niño les es desagradable.

De igual manera, hay que abstenerse de buscar motivaciones. Esto puede ser difícil, pero tiene una razón. Todos los niños, incluso los difíciles, actúan en ocasiones por alguna motivación. Pero el problema en el caso de un niño indócil es que el comportamiento puede ser tan difícil de entender que los padres *atribuyen* motivos que tal vez no tengan nada que ver con él. Por tanto, especialmente cuando empiecen a aplicar el programa, convendría suspender este proceso de búsqueda de motivos.

Por último, no confundan el "mal humor" con el mal comportamiento. Piensen que un niño quejumbroso y que hace mala cara puede enloquecer a sus padres, pero éstos deben hacer un esfuerzo por centrarse en el comportamiento mismo y no en el ánimo del niño.

Cómo castigar

Actúen con brevedad: Cuando se castiga a un niño las explicaciones siempre tienen que ser muy breves. "Has hecho tal cosa, que no es permitida; tu castigo es éste". No digan nada más. No expliquen en demasía.

Por ejemplo, ustedes tienen en la sala una preciosa mesa de madera lacada. Al niño le gusta poner sus cosas en ella y jugar allí. Los padres temen que la raye. La madre, empeñada en dar muchas explicaciones, le diría algo así:

— Johnny, esta mesa es muy valiosa. Si pones tus juguetes encima, especialmente los autos y camioncitos, es muy probable que la rayes. Y si se raya, mamá tendrá que ir a la carpintería para que la arreglen, y esto cuesta mucho dinero. Además, papá se va a enojar muchísimo. De manera que no juegues sobre la mesa.

En lugar de ello, debe dársele una explicación, y una explicación solamente:

— Johnny, sabes que se te prohibió jugar en la mesa. Si lo haces, no te dejaré ver los dibujos animados en televisión.

Si Johnny desafía la orden, su madre debe decirle:

— Sabes que te tengo prohibido jugar en la mesa. Jugaste en ella, y éste es tu castigo: no hay dibujos animados hoy.

No negocien: El problema de muchos padres es que su pequeño ha adquirido tanto poder ante sus ojos que lo tratan como si fuera otro adulto, o bien ellos se han convertido en niños y tratan de "desquitarse" con él. Con un niño difícil no se negocia; los padres imponen las reglas. Si el niño pregunta por qué, y si es un comportamiento que ustedes consideran relevante, respóndanle: "Porque yo lo digo" o "Porque es la regla". Esto no significa que debamos convertirnos en tiranos arbitrarios. Lo más probable es que al niño le parezcan sensatas las nuevas reglas. Lo que se busca aquí es imponer autoridad de manera objetiva y neutral.

Por ejemplo, digamos que su niña escupe la comida y ustedes deciden que este comportamiento es relevante. Le decimos que si vuelve a escupir la enviaremos a su alcoba. Lo hace una vez y le recordamos por primera y única vez que vamos a castigarla enviándola a su alcoba. Ella escupe de nuevo.

Eviten un diálogo como éste:

— Muy bien, Jennifer, vete a tu alcoba.

— Mami, fue sin querer que lo hice; no lo hice de intento.

— Pero yo lo dije en serio.

— Pero, mami, es que me diste una carne molida muy rara, y me cuesta mucho trabajo comérmela; se me pegó en los dientes.

— Debes irte a tu alcoba ya.

— Por favor, mami, no lo volveré a hacer. Te prometo. Es la última vez.

— ¡Jennifer...!

— ¿Tal vez podría ir más bien a la sala?

Esta escena deber se reemplazada por otra como la siguiente:

— Bueno, Jennifer, te advertí y lo volviste a hacer. Ahora tienes que ir a tu alcoba por cinco minutos.

— Por favor, mami, no lo hice de intento.

— Tu castigo es ir a tu alcoba. No hay más discusión.

— ¿Por qué?

— ¡Porque yo lo digo!

La "estructura política" ideal para la familia de un niño difícil no es una democracia sino una dictadura benévola. El niño *no tiene derecho a votar* al decidirse su castigo. Recuerden nuevamente: Ustedes no necesitan ser tiranos sino líderes eficientes.

Sean firmes: En vez de gritar al niño, practiquen un tono de voz más amenazador. Que se note que hablan en *serio*. El tono de voz es importantísimo, especialmente con un niño muy pequeño.

No hay que asumir una actitud dulzarrona como si no quisieran cumplir lo que están diciendo:

— Mi amor, no nos gusta que pintes las paredes con tus lápices de colores. Los niños obedientes no hacen esas cosas, ¿verdad? ¿De acuerdo, corazón? La próxima vez que hagas un dibujo lindo, hazlo en una hoja de papel y se lo regalas a tu mami.

En vez de esto, hay que ser firme:

— No quiero que vuelvas a pintar *jamás* en esta pared ni en ninguna parte excepto en tu cuaderno, ¿entiendes? Si lo haces, no te dejaré ver *Plaza Sésamo*.

No repitan mucho la advertencia: Esta regla tiene dos aspectos. El primero es recordar que el niño puede estar probándolos a ver si van a cumplir. En tal caso, es importante que cumplan lo que le han dicho, y eviten las advertencias repetidas sin ninguna acción. Está bien advertirle una sola vez, pero después de eso hay que *actuar*. Sus gestos y tono de voz deben ser firmes. No hay que repetir las advertencias, como en el siguiente caso:

— Susan, no juegues con el reloj nuevo de mamá.

— Susan, si juegas con el reloj de mamá te voy a castigar.

— Susan, ¿qué te dije acerca de jugar con el reloj de mamá? Esta es la última advertencia.

— ¡Susan! ¿Me oíste? Te dije que no jugaras con esto. Una vez más y verás lo que te pasa.

En lugar de esto, haga una sola advertencia y luego actúe:

— Susan, si juegas con mi reloj otra vez no te daré un caramelo después de la comida.

— Bueno, jugaste con mi reloj otra vez y ya te advertí. No hay caramelo.

Muchas veces los padres se abstienen de cumplir sus amenazas. Pero si el castigo es sencillo y breve, y si el niño sabe qué cosas son prohibidas, todo se aclara y se facilita.

Hay otro tipo de advertencia que puede ser excesiva: advertirle al niño por adelantado que no vaya a hacer algo malo. Esto sucede, por ejemplo, cuando piensan llevarlo a algún sitio especial v.g. a casa de la abuela. La madre, temerosa de que algo suceda, le dice las siguientes cosas, algunas horas antes de la visita:

— Cuando vayamos a casa de tu abuelita, no vayas a tocar nada en la habitación de ella. Le molesta mucho que lo hagas.

— Recuerda, no vayas a tocar nada en casa de tu abuelita.

— No quiero que toques las cosas de tu abuelita, ¿de acuerdo?

La advertencia se debe hacer una sola vez y en el momento de llegar a donde la abuela, no antes:

— Recuerda, no debes tocar las cosas especiales de la abuela; pueden romperse. Si lo haces, no te daré galletas con leche.

Sean prácticos: El castigo depende del contexto; sean flexibles respecto de lo que pueden hacer en una situación dada. A veces es necesario inventar "sobre la marcha". Tengan en cuenta también la edad del niño. Tal vez no sea conveniente enviar a un niño de dos años a su alcoba si no entiende y no se queda allí. Pero el mismo niño sí entenderá si lo castigan negándole un episodio de P*laza Sésamo* o alguna golosina que le guste.

A veces hay que improvisar. Si el niño se porta mal en un centro comercial, no es posible enviarlo a su alcoba y tampoco se debe aplazar la acción hasta que estén en casa. Podrían decirle que si se porta mal no le darán un helado.

O tal vez el pequeño esté en una fiesta infantil, empieza a portarse mal, y les arrebata los juguetes a los otros niños. Ustedes ven el peligro de que se torne más agresivo, hasta el punto de morder o patear. No pueden enviarlo a su alcoba; no pueden amenazar con retirarlo de la fiesta porque saben que no serán capaces de cumplir. Negarle un programa de televisión es inútil, pues está en una fiesta y en ese momento la televisión no le interesa. La solución es buscar un castigo apropiado para la ocasión. Decirle al niño: "Si muerdes o pateas a otro niño, voy a llevarte arriba y no comerás pastel, y te perderás los juegos".

No quiten los ojos de la meta: Recuerden que la meta de una disciplina eficaz es que el niño obedezca. La actitud con que lo haga no importa. Tal vez asuma alguna actitud para salvar las apariencias. No hay que confundir esto con la desobediencia; el mensaje del castigo llega de todas maneras. Por ejemplo, si el niño desobedece, y le dicen que lo van a castigar enviándolo a su alcoba, es posible que responda: "No me importa; de todos modos yo no quería estar aquí", y salga corriendo a su alcoba. No hagan caso de esta actitud, pues el castigo sigue siendo válido.

PARA LOGRAR RESULTADOS: RECOMPENSAS PLANEADAS

El castigo es necesario como respuesta a un mal comportamiento. Pero ¿habrá alguna manera de mejorar el comportamiento *sin* castigarlo? ¿Cómo logra que el niño escuche, que acate las normas del hogar? Muchos padres de niños difíciles viven insistiendo, quejándose, castigando y diciendo "no", y *tampoco* logran resultados.

Si se detienen a analizar la situación objetivamente, tal vez encuentren que están tratando a su niño empleando un medio negativo a base de crítica. Están obstinadamente concentrados en lo que el niño hace mal una y otra vez, y están tratando continuamente de corregirlo. Esto no funciona con ningún niño, y mucho menos con el niño difícil.

Tienen que cambiar su *modus operandi* y pasar a una actitud de apoyo a las cosas que hace el niño positivamente.

Alguien dirá: "Pero mi niño no hace nada positivo". Entonces ofrézcanle incentivos para que obre bien.

"Pero eso es soborno", dirán ustedes.

¡No! Hay una diferencia entre un soborno y un premio. Sobornar es lo que hacen los padres para quitarse al niño de encima. La madre, presionada por el comportamiento de la niña, le dice: "Si dejas de gritar te compararé una muñeca". Es una reacción momentánea dentro de un clima emocional tenso. Si se repite muchas veces, tendrá una niña malcriada que exige recompensas antes de hacer cualquier cosa.

Los niños difíciles también pueden ser malcriados por otra razón: los padres se sienten tan culpables que los recompensan constantemente comprándoles regalos. El resultado final puede ser un niño inseguro y tirano al mismo tiempo. Este es un buen ejemplo de un efecto secundario.

El soborno y la mala crianza no le convienen a

ningún niño, especialmente si se trata de un niño difícil; pero las **recompensas planeadas** son algo muy diferente.

Véanlo desde este punto de vista: Cuando un adulto va a su oficina o cuando un adolescente trabaja durante las vacaciones escolares, nadie los está sobornando para que cumplan su trabajo. Están ganando dinero. De igual manera, se le puede enseñar al niño a ganar un premio por un comportamiento aceptable.

Principios del sistema de recompensas

- Las recompensas son *planeadas*; no surgen de una reacción del momento.

- Los padres actúan dentro de la mayor neutralidad. Lo hacen basados en la razón, no en las emociones (no se trata de "¡Quítenme de encima este muchacho!").

- La recompensa siempre se da *después* de terminada la acción, y no *antes*.

- La recompensa es para comportamientos específicos, no para actitudes. Nunca premien a su niño por ser "bueno" o "agradable".

- No sean demasiado generosos ni espontáneos con las recompensas. ¿Cómo podrían saber si el niño se ha ganado una? Si le compraron un regalo el lunes porque les parece a ustedes que ha estado "dócil", ¿qué harán el martes cuando se comporte todavía mejor?

El sistema funciona de la siguiente manera: Se escoge un comportamiento específico que ustedes desean ver en el niño, por ejemplo: "Te he estado vistiendo todas las mañanas. Si tú puedes vestirte solo antes de venir a ver televisión y lo haces durante cinco días, recibirás un regalo". La cifra de cinco días es arbitraria. Si el niño no puede hacer tanto, conviene reducirla. Hay que fijar metas realistas y ser muy específicos.

La recompensa también debe ser específica. Habiendo decidido lo que quieren que el niño haga, escojan el premio de común acuerdo con él . Este se puede negociar, mas no debe ser desproporcionado. No le compren un costoso juguete de pilas porque se cepilló los dientes durante dos días. Tengan en cuenta los intereses del niño y hagan que él participe en la elección del regalo.

Cuando la tarea que se le pide es muy complicada, conviene descomponerla en comportamientos individuales. Por ejemplo, mantener su alcoba en orden. Al principio la tarea puede parecerle abrumadora; por tanto, descompónganla. Tender la cama es una parte, poner las muñecas en la repisa es la segunda parte, guardar la ropa es la tercera. Las indicaciones no pueden ser vagas; tienen que ser específicas para que puedan juzgar si el niño está haciendo las cosas bien o mal. ¿Quieren que ponga *todas* las muñecas en la repisa, o la *mayoría* de las muñecas, o solamente las pequeñas? El niño debe saber exactamente lo que se le pide.

Recompensas por una rutina: el sistema de las estrellas

La mayoría de los niños difíciles funcionan bien con las rutinas, especialmente si se incluyen grandes bloques de tiempo no planeado. Para unos, el solo hecho de fijar una rutina bastará, pero otros necesitarán un sistema de recompensas para ayudarles a comenzar.

Este método se puede emplear con niños de tres años en adelante. Es un sistema de recompensas que les ayuda a amoldarse a una rutina formada por una serie de acciones prescritas en determinado momento del día. No podemos esperar que estos niños tengan un dominio propio perfecto. No podemos decirles: "Ya eres grande y de ahora en adelante espero que hagas las cosas solo".

En muchos hogares las dos rutinas principales son la matinal y la nocturna. Algunos padres optarán por aplicarlas únicamente entre semana, dejando que el niño descanse los fines de semana. No es necesario ser fanático. A continuación damos dos rutinas a manera de ejemplo:

MAÑANA	NOCHE
Levantarse	Juego en familia
Ir al baño (bañarse, cepillarse lo dientes, etc.)	Ver televisión
Vestirse	Ir al baño
Ver televisión	Ponerse el piyama
Desayunarse	Cuento
Salir a la escuela	Acostarse

Ustedes pueden ser flexibles en cuanto al horario de estas actividades y al tiempo que se dedique a cada una (por ejemplo, el tiempo que el niño ve televisión por la noche puede variar); pero la *secuencia* debe ser siempre la misma; siempre va al baño inmediatamente después de ver televisión, luego se pone el piyama para acostarse, *en el mismo orden*. Pueden dejar que el niño ayude a establecer la secuencia de las actividades. Preguntarle si le gusta ponerse el piyama antes o después de cepillarse los dientes. Hacerle sentir que va a lograr algo positivo y que va a participar en esta empresa nueva y emocionante.

Una vez escogida la lista, elaboren un cuadro y escriban en él la secuencia de actividades. En esto deben ser originales y creativos. El cuadro debe ser bonito. Pueden recortar láminas de revistas que muestren las distintas actividades (v.g. una de un niño desayunándose). Esto deber ser divertido y el niño debe participar.

Si el pequeño cumple la rutina una vez, denle un minipremio. Este puede ser una *calcomanía o una estrella* de pegar. Ayúdenle a escoger calcomanías o estrellas que él pueda fijar en el cuadro cada vez que termina una rutina. Para la mayoría de los niños, las estrellas solas no bastan como incentivo. Hay que decirles que recibirán un premio grande, un *regalo*, cuando hayan terminado una rutina cierto número de veces, *pero no necesariamente sin interrupción*. A manera de ejemplo, se le dice a la niña de cuatro años que cumpla cierta rutina nocturna entre cinco y siete veces. Si falla un día, pueden decirle: "Lástima;

hoy no te ganaste tu estrella, pero tal vez mañana sí". Deben ponerse de acuerdo sobre el regalo los padres y el niño en el momento de establecer el sistema.

El sistema se seguirá empleando hasta que la rutina se haya convertido en parte de la vida cotidiana. No hay motivo de preocupación: no es probable que el niño sufra una regresión al suspender el sistema. Y si notan algún pequeño problema, pueden volver al sistema durante un corto tiempo adicional. Pero en general, los niños *no quieren volver* a él. Les agrada el ambiente más tranquilo y sienten que han tenido éxito en algo. El sistema de las estrellas generalmente se puede abandonar al cabo de unos dos meses.

Ahora bien, deben recordar dos cosas:

• Durante las primeras cuatro o cinco veces que el niño cumple la rutina, ustedes pueden estar presentes para supervisar. Después de eso, deben retirarse paulatinamente y dejar que él lo haga solo.

• No deben castigar al niño por no completar la rutina. La rutina incompleta no acarrea castigo distinto de negarle la estrella.

En resumen, el sistema de las estrellas funciona así:

1. Escojan una *rutina* que quieran establecer.
2. Decidan conjuntamente con el niño cuál será la *secuencia* de actividades. Esta secuencia no podrá variar.

3. Junto con el niño, dibujen un *cuadro bonito* de las actividades.

4. Díganle al niño que cada vez que termine la rutina se ganará una *estrella* o una *calcomanía* (él puede escoger).

5. Cada vez que acumule cinco estrellas (o el número acordado), se ganará un *premio* (él debe participar en la elección del premio).

Todo esto debe ser divertido, pero las expectativas deben ser muy claras. O ganó la estrella o no la ganó. Cerciórese de que el niño sepa muy bien lo que le corresponde hacer. Recuerden también que el único "castigo" en este sistema es negarle la estrella con algún comentario breve como: "Lástima; no ganaste tu estrella hoy; ojalá mañana te vaya mejor".

Nota final: En términos generales, los niños difíciles funcionan mejor con recompensas por comportamientos aceptables que con castigos por mal comportamiento. Las respuestas negativas repetidas ante un comportamiento indebido *refuerzan* ese comportamiento en vez de corregirlo. Y a los padres también les gusta el sistema de recompensas porque les permite centrarse en los adelantos del niño y se sienten menos culpables.

Estos principios de la buena disciplina les permiten a ustedes manejar de manera directa, firme y eficaz la mayoría de los comportamientos *no* relacionados con el temperamento. Obtendrán un sentido de control mucho mayor sobre la vida de ustedes y mejorarán sus relaciones con el niño. Pero ésta es apenas la mitad de la historia. El siguiente capítulo les enseñará a los padres qué hacer con el comportamiento causado por el temperamento difícil del niño.

8

MANEJO DEL TEMPERAMENTO:
La comprensión en acción

Los principios de autoridad del adulto que ustedes aprendieron en el capítulo anterior no se aplican solos sino en conjunto con una serie de técnicas de manejo basadas en la nueva comprensión del comportamiento del niño.

El manejo, al contrario del castigo, se utiliza con un niño difícil cuando el adulto decide que el niño "no puede evitar lo que hace". Esto ocurre principalmente cuando los padres logran establecer un nexo entre el comportamiento y el temperamento básico. Sin embargo, también se pueden emplear técnicas de manejo para ciertos efectos secundarios, como, por ejemplo, la timidez. La actitud de los padres durante el manejo es de mayor comprensión y apoyo, distinta de la actitud más fuerte que se asume para castigar o disciplinar.

LA ROTULACION: COMPRENDAMOS AL NIÑO

Ahora que ustedes empiezan a ser expertos en las múltiples facetas del comportamiento infantil y del temperamento de su hijo, es hora de hacerle saber al pequeño que lo comprenden. El primer paso en este proceso se llama *rotulación.* Es preciso que desechen la imagen que tienen de un rótulo. El término, tal como se emplea aquí, se refiere al hecho de identificar la base temperamental de un comportamiento, ponerle un nombre y compartir esa información con el niño, o bien aprovecharla ustedes mismos para modificar su propia actitud. Básicamente le están diciendo al niño: "Entiendo lo que te pasa". No hay que pensar que el término "rotulo" sea peyorativo ni dañino, pues aquí se usa en forma tal que no solamente desempeña la función de aumentarles a ustedes y al niño la comprensión sino que además les recuerda a ustedes que con su niño deben asumir una actitud neutral y objetiva, aunque amable y amistosa.

La actitud de los padres es un aspecto clave aquí. No se puede aplicar un rótulo ni utilizar técnica alguna si ustedes no son neutrales instantáneamente; deben *darse tiempo.* El "rótulo" les ayudará a recordar que deben ser neutrales. Ahora bien, habrá momentos en que serán agresivos con el niño, y a veces se olvidarán de ponerle el rótulo. No olviden que siempre habrá otra oportunidad para dominar las técnicas. Deben construir sobre los casos en que logren aplicar las técnicas con éxito, aunque al comienzo sean pocos.

Si ustedes entienden algo acerca del niño y comparten este conocimiento con él, el pequeño empezará a ver que lo comprenden, siempre y cuando que la actitud de ustedes sea neutral y amistosa. Como progenitores, ustedes están tratando de establecer una comunicación con el niño, basada en la verdadera comprensión que tienen de los asuntos que son importantes para él. En vez de reaccionar ante lo que creen que el niño les está haciendo, propónganse decirle algo con firmeza pero con amabilidad, relacionado con el temperamento de él.

A continuación damos un ejemplo:

No: "Me estás enloqueciendo".

Sino: "Te estás sobreexcitando".

Otro ejemplo:

No: "¿Por qué me causas tantos problemas cada vez que debes acostarte?"

Sino: "Yo sé que a veces no tienes sueño a la hora de acostarte".

Al pensar en el rótulo, pónganse a pensar en el hecho que emana del temperamento. Luego traduzcan esta información en un lenguaje comprensible. Ustedes no le dirían al niño: "Sé que tienes un bajo umbral de sensibilidad, y por tanto eres sensible al roce de ciertas cosas", sino: "Eres muy sensible a las etiquetas de la ropa". Sean específicos y neutrales, y eviten palabras emotivas. El rótulo tiene que ser tan lógico y sencillo como sea posible.

Esta clasificación es una manera de demostrarle al niño que ustedes lo comprenden. Si es mayor de tres años, puede ser muy conveniente hablarle en términos muy sencillos acerca de sus reacciones al cambio o de su sensibilidad a la ropa. Cuando el niño aprenda a reconocer algunos de sus propios rasgos temperamentales, tendrá un mejor control sobre sí mismo. Un niño difícil, bien manejado, logra decirles a sus padres: Todavía no estoy acostumbrado a esto; necesito más tiempo".

A continuación les sugiero algunos rótulos. Los padres podrán utilizarlos o hacer sus propios rótulos, siempre y cuando que sean sencillos y amables. Deben conservar la calma; el tono de voz es importante porque las palabras pueden sonar acusadoras cuando se dicen emocionalmente.

RASGO TEMPERAMENTAL	ROTULO
Nivel de actividad alto	Estás sobreexcitado.
	Estás muy agitado.
	Estás comenzando a descontrolarte.
Distraído	Sé que te cuesta trabajo prestar atención.
Poca adaptabilidad	Sé que te es difícil hacer un cambio.
	Sé que estás muy ocupado, pero empiezas a "enfrascarte". (Hay que enseñarle el significado de la palabra.)
Retraimiento inicial	Entiendo que esto es nuevo para ti.
	Sé que necesitas tiempo para acostumbrarte a un sitio nuevo.

RASGO TEMPERAMENTAL	ROTULO
	Sé que los sitios nuevos (o situaciones, o personas) son difíciles para ti.
Alta intensidad	Sé que tienes una voz fuerte, pero...
	Sé que te cuesta trabajo hablar con suavidad, pero...
Irregularidad	Sé que no tienes hambre/sueño en este momento.
Bajo umbral de sensibilidad	Sé que sientes calor cuando los demás no sienten.
	Sé que este suéter no lo sientes bien.
	Sé que ciertas cosas te parecen raras/ te saben mal/te huelen raro.
Animo negativo	Tratándose del estado anímico del niño, el rótulo no es para él sino para los padres. Les ayuda a no enojarse con un niño que se queja y critica en situaciones que no le son familiares, aunque sean agradables para otros niños. Ustedes pensarán: "El es así; no podemos evitarlo".

La técnica de clasificar es apenas el fundamento de una nueva manera de abordar al niño difícil. A continuación se describen las técnicas específicas de manejo, cuyo objeto es prevenir y suspender los comportamientos difíciles más comunes.

EL DESENFRENO

El desenfreno se presenta ante todo en niños *sumamente activos* que se excitan muy fácilmente, y entran en una secuencia de intensidad ascendente: El niño empieza por ser activo, se torna excitable, se excede, se desenfrena y pierde el control. La regla de oro es **intervenir temprano**. Ustedes deben identificar las señales de peligro, permanecer neutrales y rotular, y luego intervenir.

Uno de los puntos clave con niños muy activos es que el comportamiento puede ascender hasta el punto de desenfreno muy rápidamente. Procuren identificar el punto en que el niño se está sobreexcitando, y luego procedan de conformidad. Deben aproximarse al niño *antes* de que se desenfrene y pierda el control. En otras palabras, la intervención debe ser *temprana*.

Muchas veces la escala ascendente empieza de manera sutil y no se advierte fácilmente. Observen al niño en muchas y diversas situaciones que le causan excitación, para ver si pueden detectar la progresión. Aprendan a discernir en qué punto el niño "cambia de velocidad", de primera a segunda, a tercera, a cuarta, y luego al desenfreno. Como regla general, ustedes pueden decirse: "No puede llegar a engranar en tercera ni en cuarta". No deben precipitarse hasta el punto de intervenir apenas se excite un poco. Esto es demasiado pronto. Pero tienen que evitar el ascenso de intensidad vertiginoso que se presenta cuando no le vigilan el comportamiento.

Algunos niños presentan un ascenso de intensidad demasiado rápido, hasta el desenfreno. En estas situaciones, ustedes llegarán tarde para evitar la explosión. Pero una vez que ustedes aprendan a encontrar ese punto de cambio en el comportamiento, aprenderán a neutralizar las situaciones antes de que se les salgan de las manos.

La intervención de ustedes tiene por objeto alejar al niño de la situación. Si perciben temprano el aumento de intensidad, pueden simplemente **distraerlo** para que haga otra cosa. En otras ocasiones es necesario **enfriarlo** o ponerle una **válvula de escape**.

El **enfriamiento** es una técnica que se emplea cuando el niño está a punto de caer en el desenfreno. Ustedes permanecen neutrales, se acercan al niño, hacen contacto visual con él, lo rotulan: "Te estás sobreexcitando", y luego agregan que es tiempo de enfriarse; si es necesario, aléjenlo del sitio, físicamente. Ahora, si aprenden a advertir los primeros cambios en el comportamiento, pueden hacerle una advertencia: "Te estás sobreexcitando. Cálmate, o tendrás que dejar de hacer eso".

Deben asignarle al niño alguna "actividad tranquilizadora" que lo calme:

• Puede ser algún libro o disco especial que el niño mirará o escuchará con uno de sus padres.

• Si es más pequeño, podrá ser algo tan sencillo como: "Ven a sentarte en mi regazo".

• La mayoría de los niños muy activos disfrutan enormemente del agua. Llévenlo al lavamanos o a la tina para que juegue allí un ratico. (Esto funciona bien no solamente cuando hay que serenar al niño sino también cuando la madre necesita media hora de libertad.)

- Un programa favorito del niño puede ayudar. Si los padres tienen videograbadora podrían grabar algún programa que le guste para tenerlo a la mano.
- Si al niño le agrada alguna golosina especial, v.g. los helados o alguna fruta, la actividad de "enfriamiento" puede ser darle su golosina para que se siente a disfrutarla.

Cualquiera que sea la actividad tranquilizadora, debe presentar el hecho de que el niño va a reducir su velocidad y a serenarse. Ustedes tendrán que ser listos y recursivos, y no imaginarse que estos medios de enfriamiento constituyen premios por un mal comportamiento.

Si el niño ya ha llegado muy lejos cuando ustedes logren intervenir, la manera de serenarlo quizá sea alejarlo totalmente de la situación, tratar la pataleta y dejar que se tranquilice en vez de dejar que siga ascendiendo la intensidad. En este caso, ni siquiera deben hablarle. Solamente álcenlo y retírenlo del lugar. Si hay ocasiones en que el niño está verdaderamente desenfrenado, pueden destinar un cuarto o parte de un cuarto a "área de enfriamiento". Este sitio debe ser despejado. Recuerden que el "enfriamiento" no es un castigo sino una técnica que encierra comprensión, que se emplea para calmar la hiperactividad que se ha excedido. Por tanto, traten de permanecer neutrales.

También existe la solución contraria, que nos proporciona la segunda forma de intervención, y que llamamos **válvula de escape**. Un niño muy activo puede desesperarse en un apartamento de la ciudad o permaneciendo encerrado en casa en un día lluvioso. Ustedes pueden ver que está ascendiendo la intensidad, aunque este proceso quizá no sea cuestión de unos cuantos minutos sino de más de media hora. En este caso, ustedes ponen este rótulo: "Sé que te estás sintiendo inquieto".

Luego escogen una actividad que le permita al niño descargar parte de su energía, por ejemplo, salir al parque. Si está lloviendo, pueden llevarlo al garaje de la casa donde pueda correr. O pueden poner música y bailar. Muéstrense amigables: "Sé que te estás desesperando ahí sentado. ¡Movámonos un poco!"

Si emplean expresiones como "enfriamiento" y "válvula de escape" en presencia del niño, él se acostumbrará a ellas y sabrá lo que significan.

Recuerden siempre que cuanto más pronto intervengan en el proceso de aumento de intensidad, más fácil será. Pero hay que mantener el equilibrio. El padre o la madre que está pendiente del niño a toda hora, "encima de él", puede acabar por vigilarlo como un águila, dispuesta a saltar sobre él a la menor señal de peligro. Es preciso dominar el principio de la neutralidad. No se preocupen si no tienen éxito siempre.

Si dejan pasar el punto de cambio a exceso de velocidad y el niño se descontrola, probablemente ustedes pierdan también su actitud neutral. No se desanimen. Prepárense para ser objetivos la próxima vez. El comportamiento no cambia de la noche a la mañana, y habrá momentos en que las cosas terminarán en desenfreno y pataleta. Más adelante, en este capítulo, diremos cómo manejar las pataletas y otros comportamientos desenfrenados. No hay que preocuparse en exceso.

INQUIETUD

Si su niño es sumamente *activo* y *distraído*, es importante desarrollar un buen **sentido del tiempo** para intervenir oportunamente, especialmente en lo que respecta a la escuela y las tareas. La madre o maestra debe preguntarse: "¿Cuánto tiempo podrá continuar en lo que está haciendo?" Ustedes ven que el niño empieza a inquietarse, a distraerse, a perder concentración. Tal vez se mueva en el asiento o tenga la mirada perdida en el espacio; se rasca la cabeza, o empieza a jugar con el lápiz y el papel. Este es un comportamiento que precede a la agitación, e indica que el nivel energético del niño está subiendo.

Hay una técnica llamada la **pausa**, que resulta muy útil en esta situación. "Veo que te estás poniendo inquieto". Dejen entonces que el niño haga una breve pausa poniéndolo a hacer alguna cosa que le permita liberar un poco de energía. En la escuela, la maestra podría pedirle al niño que borre el tablero, que salga al pasillo a traer un vaso de agua, que le lleve un recado a otra maestra o que ayude a cumplir otra tarea, como guardar los libros. En casa, la madre o el padre puede darle al niño alguna pequeña tarea como vaciar el cesto de los papeles, sacar la loza de la lavadora o poner la mesa. También pueden dejar que juegue un rato con sus juguetes o aplicar alguno de los consejos sugeridos para que se desahogue.

LOS CAMBIOS DE ACTIVIDAD

Nuevamente van ustedes a buscar lo que hay bajo la superficie de un comportamiento. Van a ser neutrales y van a ponerle rótulo. Tratándose de un cambio, la característica temperamental es *mala adaptabilidad*, o es *retraimiento inicial*, o ambas cosas. Las técnicas clave que ustedes deben entender aquí son la **preparación** y darle al niño **tiempo para acostumbrarse**. Es muy importante distinguir entre preparar al niño para un cambio y prevenirlo de antemano en exceso. Las madres ansiosas "preparan" al niño para una nueva situación repitiendo una y otra vez sus temores acerca de su comportamiento. "Vamos a una fiesta esta tarde y no quiero que metas la mano en la torta. Tienes que portarte bien en las fiestas". Más tarde, el mismo día, la madre repite: "Recuerda que en la fiesta tendrás que portarte bien". La madre que explica demasiado le dirá algo así: "Hoy vamos a visitar a tu amiga Claire. Tenemos que salir de casa y tomar el ómnibus. ¿Recuerdas el paradero, donde siempre lo esperamos? Vamos a subirnos al ómnibus número 10. Es ése que siempre ves, grande, azul. ¿Recuerdas que cuando fuimos la semana pasada vimos a una señora con mellizos? Tú les hablaste y ellos se rieron..."

Ese tipo de repetición o explicación excesiva hace que el niño capte la ansiedad materna. En lugar de

ello, la madre debe decirle al niño algo que esté relacionado con el temperamento, respecto del cambio
que está a punto de ocurrir: "Vas a asistir a una fiesta esta tarde, y sé que es algo nuevo para ti. Si quieres
quedarte cerca de mí hasta que te acostumbres, está
muy bien".

¿Cuál es la diferencia entre preparar a un niño y
prevenirlo? Si *usted* tiene ansiedad y se pone a repetir,
probablemente está previniendo. Si es breve y se
concentra neutralmente en el acercamiento/retrai-
miento y en la adaptabilidad, usted está preparando.

Recuerden también que lo que nos parece una
situación común y corriente a nosotros como adultos
puede ser algo nuevo y difícil para el niño. La madre
que piensa: "No necesito preparar a mi niño para
una fiesta porque ya ha estado en otras" olvida que
en cada fiesta hay niños diferentes, alimentos distintos, un medio nuevo y juegos diferentes. Para el
niño cada fiesta es distinta. Por tanto, ustedes deben
ser sensibles a cualquier cosa que pueda afectar a
su niño.

El **tiempo para acostumbrarse** es tan importante
para ustedes como para el niño. Si saben que él se
retrae en situaciones nuevas o desconocidas, se
sentirán más relajados y menos dispuestos a presio-
narlo. Sabrán que transcurrido un rato después de
la respuesta inicial, el niño seguirá adelante.

Los niños poco adaptados suelen funcionar mejor
si se les dice brevemente cuál será la **secuencia de
eventos** en un paseo planeado.

Por ejemplo: "Hoy vamos a donde tu amigo John.

Primero saldremos de casa, luego iremos a tomar el ómnibus, viajaremos durante media hora y luego iremos a pie hasta la casa de John".

O bien: "Vamos a almorzar. Subiremos al automóvil, luego iremos al supermercado a comprar jugo, después comeremos hamburguesas en un restaurante, y volveremos a tiempo para ver *Plaza Sésamo*".

Un elemento clave para ayudarle al niño a acostumbrarse al cambio es lo que llamamos el **reloj de cambios**, que se puede utilizar con niños de dos años y medio en adelante. Es un reloj digital de pilas (no necesita marcar los segundos) con una serie de números que permiten leer la hora, por ejemplo 6:45 o 10:15. El reloj no debe utilizarse para ninguna otra cosa, y el niño debe identificarlo específicamente como un instrumento que le ayudará a efectuar los cambios. Podemos hacer del reloj algo más personal pegándole calcomanías o poniéndole el nombre del niño. Se le dice al pequeño que el reloj le va a ayudar a pasar de una actividad a otra y que le ayudará a terminar lo que esté haciendo, antes de pasar a otra cosa. Por ejemplo, para el pequeño puede ser difícil suspender cualquier actividad a que esté entregado y salir de la casa para subirse al automóvil. Ustedes pueden decirle que con este reloj no tendrá tantos problemas con el cambio. El reloj se utiliza cada vez que debe ocurrir un cambio importante, y *para nada más*. (Recuerden que durante nuestro período de estudio nos enteramos de qué cambios son difíciles para el niño.)

La técnica funciona de la siguiente manera: Uste

des tienen una piscina de inflar en el solar de la casa. A la niña le encanta jugar allí, salpicando, derramando agua en el suelo y divirtiéndose enormemente. Cuando la llaman para que entre a comer, ella se resiste y esto suele terminar en pelea o pataleta. Con el reloj de cambios en la mano, la madre sale a donde está la niña y le muestra que el reloj marca 12:10. "Cuando el último número cambie de 0 a 5, tendrás que venir a comer".

Sean breves en la explicación. No se sobrepasen. A los niños poco adaptables no les gustan las sorpresas, y esto les da la oportunidad de prepararse para la transición en un período de tiempo limitado, que señala un ente imparcial (el reloj) y no la madre. Pueden utilizar el reloj para todos los cambios importantes: para indicar que se acerca la hora de acostarse, de ir a la escuela, de salir de compras, de suspender la sesión de televisión... en fin, para todo lo que requiera alguna preparación.

Con el tiempo, algunos niños mayorcitos aprenden a cooperar muy bien con las técnicas para el cambio. Preguntan cuánto tiempo les queda o piden quedarse cerca de la madre en situaciones nuevas, o dicen que necesitan más tiempo, o incluso aprenden a manejar ellos mismos el reloj de cambios. Empieza a surgir una actitud de armonía y cooperación en vez de la terquedad, la resistencia y las pataletas. Aprender a hacerles frente a los cambios es un paso importante para romper el círculo vicioso.

IMPREDECIBILIDAD

Los padres suelen mostrarse desconcertados por el comportamiento errático de su hijo. Los niños impredecibles causan problemas, especialmente en dos áreas: el apetito y el sueño. Es sumamente difícil controlar un niño que no tiene sueño ni hambre a la misma hora todos los días. Los padres y los hijos envueltos en conflictos por motivo de las comidas y el sueño suelen terminar en un círculo vicioso de exigencias crecientes y castigos excesivos. Esta es una de las áreas más agotadoras. La característica temperamental es la *irregularidad*, y la clave de la solución es **distinguir entre la hora de acostarse y la hora de dormir, entre la hora de almorzar y la hora de cenar.**

Los niños que no tienen sueño a la misma hora todas las noches lucharán con todas sus fuerzas por no acostarse. Esto se vuelve uno de los temas más candentes en la familia, y los padres y los hermanos participan en el conflicto con el niño desdichado y sin sueño. Ustedes como padres tienen todo el derecho a exigirle que se duerma. Compren una lamparilla para la mesita de noche. Cuando llegue la hora, el niño tiene que ir a acostarse. Se le enciende la lamparilla y se apagan las otras luces de la alcoba. Se le da permiso de tener uno o dos pequeños juguetes o libros en la cama o que escuche alguna música con volumen moderado, pero no puede salirse de la cama. Es la hora de *acostarse*. Pero no es la hora de *dormir*. Dormirá cuando tenga sueño, y esto puede ser a una hora diferente cada noche. Pero estará *acostado* a la misma hora cada noche.

El permiso de llevar libros o juguetes a su cama debe ser mirado como un privilegio especial. Díganle al niño que si se levanta le quitarán ese privilegio. Pero si ustedes encuentran que él no puede permanecer solo en su pieza, incluso con la lamparilla y los juguetes, es posible que se trate no de rebeldía sino de temor. Más adelante en este capítulo aprenderán algunas técnicas par ayudarle al niño a vencer los temores.

Conforme al mismo principio, no pueden obligar a un niño inapetente a comer a la misma hora. Pero sí pueden insistir en que se siente a la mesa con la familia mientras los demás comen. Le pueden dar un vaso de jugo o apenas parte de la comida mientras los demás terminan, y puede tomar parte en la conversación.

El tiempo que el niño permanezca sentado a la mesa depende del criterio de los padres. Recuerden que necesitan tener un buen sentido del tiempo. Un pequeñito no aguanta tanto como un niño más grande. Los niños activos, en particular, encuentran dificil estar sentados durante mucho tiempo.

Si su hijo siente hambre entre la comidas, deben darle algo. Esa es la *hora de comer*. Pero al respecto hay que tener equilibrio; la madre no tiene que convertirse en cocinera a la carta. Estas comidas a deshoras serán sencillas: un emparedado o una taza de sopa y palitos de zanahoria crudos. No es necesario que le den al niño carne, papas y verduras cada vez que sienta hambre. También pueden congelar la comida o guardarla en la nevera para servírsela más tarde.

Una buena técnica con los niños irregulares es el **plato de golosinas**. Dejen que el niño escoja cualquier cosa que desee (razonablemente) y que quepa en un plato: zanahorias, galletas, pasas, carnes frías, queso, papas fritas, y díganle que si siente hambre a deshoras puede comer lo que se le antoje del *plato de golosinas*. Esta técnica también sirve cuando el niño pide repetidamente galletas o leche o agua desde la cama por la noche. En tal caso, pueden preparar un plato de golosinas y dejarlo en la mesa de noche.

Recuerden siempre que si bien los padres fijan la *hora de sentarse a la mesa*, no es posible controlar el apetito de su hijo.

Los niños impredecibles también pueden ser irregulares en sus estados de ánimo. Esto constituye un problema peor porque básicamente no hay nada que hacer. Aprendan a no darles importancia a estos cambios de ánimo. Unas cuantas cosas ayudarán, entre ellas la rotulación interna, diciendo: "Este es mi niño impredecible". Otra es negarse a tomar estos cambios de ánimo como cosa personal.

Más adelante, en este mismo capítulo, aprenderán a crear rutinas que constituyen una gran ayuda para el niño irregular.

NUNCA ESCUCHA

"El niño nunca me escucha", dicen los padres. Este es uno de los principales problemas con un niño difícil. El rasgo temperamental suele ser la *distracción*. A estos niños les cuesta mucho trabajo concentrarse cuando algo no les interesa. Es un error pensar: "No me está escuchando adrede, porque no quiere escucharme". Más bien debieran preocuparse de su niño distraído a quien le cuesta mucho trabajo prestar atención.

La técnica importante aquí es **hacer contacto visual**. Establecer un contacto visual con el niño antes de darle una orden. Deben cerciorarse de que el chiquillo "esté allí". Es sumamente importante manejar esta situación con neutralidad. Decirle "¡Mírame!" en tono airado, será contraproducente. De modo que permanezcan neutrales, rotulen. (Digan mentalmente: "Este es mi niño distraído; él no puede prestar atención") y capten la atención de él. Pueden decirle: "Quiero que me mires y que escuches lo que tengo que decir".

Este punto también es importante para las maestras, pues su principal queja respecto de los niños distraídos es que no escuchan. Conviene sugerirles esta técnica, señalando que el contacto visual es muy importante y que el niño no debe hacerse en la parte posterior del salón sino adelante, donde la maestra pueda tener frecuente contacto visual con el niño.

COMPORTAMIENTO QUEJUMBROSO Y "DESDICHADO"

Los padres de niños quejumbrosos caen en el círculo vicioso porque pretenden *detener* este comportamiento sin darse cuenta de lo que hay en el fondo. El rasgo temperamental que produce gran parte del comportamiento quejumbroso, irritable, de "desdicha" es el *ánimo predominantemente negativo*. Un niño de ánimo positivo se quejará de vez en cuando, pero no durante tanto tiempo como el niño difícil de ánimo negativo. Este produce la impresión de estar de mal humor. Suele ser solemne o serio. No expresa emociones con entusiasmo y a veces parece estar haciendo "mala cara".

Si el hijo de ustedes se expresa en forma más negativa que positiva, pueden suponer que se debe en parte a su temperamento. Si se retrae ante situaciones nuevas y además es negativo, no se limitará a retraerse sino que además se quejará y criticará: "¿Por qué no nos vamos? ¿Por qué tenemos que estar aquí? No me gusta". Si el niño no es adaptable, las quejas pueden continuar durante mucho tiempo; se enfrasca en ellas, y la situación puede prolongarse. El ánimo negativo hace que se les dificulte más la situación a los padres. Por ejemplo, si el niño presenta retraimiento inicial, su primera reacción y sus quejas pueden referirse a algo que la madre le ha querido dar para agradarlo. Esto les disgusta muchísimo a los padres, que se sienten culpables por no saber darle gusto, y las pataletas empeoran.

No hay una "técnica" para manejar el ánimo negativo. El principio clave aquí es **tomar conciencia** del ánimo y que ustedes modifiquen su actitud, a fin de que admitan que se trata del temperamento y que el ánimo negativo, y no el positivo, es la *norma* para este niño. No pueden hacer nada, excepto *rotular* el ánimo negativo (para ustedes, *no* para el niño) y tratar lo más posible de no darles importancia a las manifestaciones modales del niño.

Los padres suelen pensar que realmente algo "anda mal" en el niño porque siempre se ve desdichado, e incluso deprimido. Pero no es así, salvo que tal comportamiento hubiera empezado recientemente, y en este caso no sería una expresión de su temperamento. No siempre es fácil admitir que la actitud negativa de un niño proviene de su temperamento, pero el hecho de entenderlo les ayudará a ustedes a evitar que sobrerreaccionen.

EL COMPORTAMIENTO DEL "NO ME GUSTA"

Este comportamiento se asocia principalmente con el umbral sensorial bajo, o sea que tiene que ver con la sensibilidad al tacto, los sabores, los olores, los sonidos, las temperaturas, las luces o los colores. Aquí también los padres suelen caer en un círculo vicioso.

En este campo la **rotulación** es sumamente importante como parte del reconocimiento de que el niño no es simplemente rebelde sino que algo le molesta en realidad. No hay que desafiarlo en su sensibilidad sino reconocerla con un rótulo:

"Sé que no te gusta la música con un volumen muy alto".

"Sé que te sientes incómodo cuando los zapatos están amarrados y te aprietan".

"Sé que no te gusta el sabor de la salsa de tomate".

"Sé que con frecuencia sientes mucho calor".

La sensibilidad al roce, a la textura y al color de la ropa puede ser especialmente molesta, sobre todo para una madre que vive pendiente de la moda, cuya niña bonita se niega rotundamente a "ponerse linda".

El principio aquí no es desafiar el umbral sino más bien considerar la conducta relacionada con él como irrelevante. El "gusto" y la comodidad del niño son la representación del umbral sensorial. ¿Para qué convertirlo en pelea?

• A la niña le gusta usar todos los días un par de pantalones viejos de pana suave. La madre le compra unos nuevos de algodón rasado. Ella se niega a usarlos. La madre insiste. ¿Vale la pena? ¿Qué es lo lógico: que la niña se vista de modo que se sienta cómoda, o que se vista para satisfacer el gusto de *ustedes*?

• A la niña le gustan los calzoncitos interiores de algodón blanco. La abuela le compra unos de color azul fuerte, y la niña los rechaza. Nos parece que ésta no tiene razón, pero ¿vale la pena imponerse? A ella no le *gusta* el azul fuerte porque realmente le "molesta".

• Cuando ustedes le atan los cordones de los zapatos, el niño se queja una y otra vez de que le "molestan". Ustedes viven peleando por la cantidad de veces que hay que atárselos. Podrían evitar todo el problema comprándole zapatos sin cordones. Ustedes deben admitir que los cordones de los zapatos realmente le molestan al niño a causa de su bajo umbral.

En relación con la alimentación surgen problemas similareṣ. El niño de bajo umbral respecto de los sabores suele ser muy exigente con la comida. Lo mejor es no desafiarlo, a menos que haya verdadero motivo de inquietud por su estado de nutrición.

Pregúntense qué es lo que le molesta al niño, y traten de discernir el problema sensorial genuino. Tengan siempre presente los comportamientos relevantes. Muchos de estos aspectos, examinados más a fondo, pueden atribuírsele al temperamento, y es mejor que ustedes se desprendan del hecho. Sencillamente, el niño es así. Se trata de una expresión legítima de su individualidad.

También es posible evitar las luchas de poder **ofreciéndole una alternativa al niño**. En vez de escogerle la ropa al niño todos los días, pregúntenle: "¿Quieres usar la camisa azul o la roja?" Ambas opciones son aceptables para la madre, y el niño tiene cierta libertad de decisión. Las decisiones que les parecen insignificantes a los padres pueden producirle mucha satisfacción a un niño pequeño. Empero, deben cuidarse de ofrecerle opciones ilimitadas que puedan dar por resultado, o bien un niño frustrado y bloqueado en una indecisión, o bien una elección inaceptable para ustedes. Cuando la madre le pregunta a su hijito exigente "¿Qué quieres tomar al desayuno?", con la esperanza de encontrar *algo* que le guste, casi siempre se produce un estado de insatisfacción para ambos. Lo más probable es que el niño no escoja lo que ella deseaba darle, y además puede rechazar lo que él mismo pidió apenas lo vea en el plato. En general, lo mejor es limitarse a ofrecer dos opciones.

Tengan en cuenta esta técnica cuando el caso sea de simple renuencia y surge la tentación de disciplinar. Un niño en "la terrible edad de los dos años" que rehúsa que la madre lo tome de la mano para atravesar la calle puede ceder si se le da a escoger entre "la mano derecha o la izquierda". O bien, se le puede preguntar: "¿Me das la mano, o te llevo alzado?"

Algunos niños se sienten abrumados en un lugar hacinado, ruidoso y de luz muy intensa. Se sobreexcitan, y esto se refleja en su comportamiento de "no me gusta". Este aspecto también tiene que ver con el umbral, y debemos manejarlo con amabilidad y comprensión, en vez de forzar al niño.

El "no me gusta" también puede asociarse al *retraimiento inicial*, o a la *poca adaptabilidad*, especialmente en un niño de *ánimo predominantemente negativo*. El rechazo inmediato o la reacción de aferrarse a la madre ante una *nueva* situación — una persona extraña, una comida, una prenda o un juguete — se originan en el retraimiento inicial, pero se manifiestan con una frase: "No me gusta". La técnica aquí es **introducir lo nuevo poco a poco**, dándole al niño mucho tiempo para que se acostumbre.

Pongamos el caso de un niño cuyo padre le compra un juguete nuevo: un gran camión-tractor. Al niño le encantan los camiones, y tiene una buena colección, pero al darle este nuevo juguete no parece entusiasmarse; en realidad, parece que no le gustara en absoluto. Esto es desconcertante, pues ya tiene juguetes parecidos. En este caso, ustedes deben reconocer que aunque al niño le guste el juguete, no deja de ser algo nuevo. Pueden decirle algo así: "Sé que no te gustan las cosas nuevas, de modo que te daré bastante tiempo para acostumbrarte".

Si una niña reacciona mal ante la ropa nueva, podrían comprarle un vestido nuevo y colgarlo en su ropero un día o dos. Luego sacarlo para que ella lo pueda ver durante otro par de días. Luego podrían sugerirle que toque el vestido, y después de una semana le dirán que lo ensaye. Si el plan cronológico de ustedes tiene en cuenta el temperamento de la niña, podrán lograr buenos resultados. Pero si ustedes reaccionan a una manifestación de ánimo negativo o de retraimiento diciendo: "Sé que esto te gusta porque hace dos semanas te gustaba", estarán *forzando* a la niña y ella lo considerará como una violación de sus derechos como individuo (aunque no use esas palabras). Hay niños que piensan: "Es malo que yo tenga estos sentimientos", y con muchas críticas de este tipo acaban por desarrollar una auto-imagen negativa y sentirse malos por ser lo que son.

El enfoque de ser amables con el niño y de pre-pararlo puede tener éxito en situaciones nuevas, por ejemplo el primer día de escuela. Se le puede decir al niño: "Vas a estar en una clase nueva con una maestra nueva. Habrá algunos niños que conoces y otros que no conoces. Tal vez te sientas incómodo durante uno o dos días, pero no te preocupes. No importa; tu mami estará cerca un ratito mientras te acostumbras".

Para resumir, todo lo que sea nuevo (ropa, jugue-tes, gente, situaciones) exige tiempo si el niño tiene dificultad para acercarse o adaptarse. Y la tarea de los padres es darle ese tiempo sin que ustedes consideren que el niño los está desafiando por el hecho de que no procede al ritmo de los demás.

LAS PATALETAS

¿Qué es una pataleta? Tal como se define aquí, no se limita al comportamiento totalmente descontrolado — aquellas escenas en que el niño golpea el piso con la cabeza o rompe los muebles. La definición es más amplia: Una pataleta es toda situación en la que el niño presenta una explosión de ira, llanto o gritos. Tal vez sería mejor hablar de "explosiones de ira" para que no pensemos únicamente en los casos extre-mos sino en toda una gama de reacciones airadas.

Lo primero y más importante es saber que las pataletas son de dos clases:

- La pataleta o explosión con fines de manipulación.
- La pataleta o estallido temperamental.

La diferencia fundamental es la siguiente: En una pataleta de manipulación el niño puede decir, por ejemplo:

"Dame un chupete".

La madre responde:

"No: voy a servirte la comida dentro de diez minutos. Ahora no te doy chupete". El niño comienza a llorar, gritar y hacer escándalo para que le den la chupeta. Si actúa así para imponer su voluntad, entra en juego un elemento manipulativo consciente. En otras palabras, el niño se está portando indebidamente.

Con la pataleta temperamental, algo ha violado el temperamento del niño y por eso estalla. Un ejemplo sería el niño *poco adaptable* a quien se le exige que suspenda repentinamente lo que está haciendo y pase a otra cosa, o bien el niño *sumamente activo* cuyo comportamiento de intensidad ascendente está empezando a descontrolarse. En otras palabras, "no puede evitarlo". ¿Cómo diferenciarlas? Hay que reconocer la manipulación que entra en juego en un tipo de pataleta y el rasgo temperamental que entra en juego en el otro. La pataleta temperamental tiende a ser más *intensa*. El niño se descontrola de verdad. La de manipulación, por su misma naturaleza, es menos intensa, más consciente y planeada. Pero observándolas, *pueden parecer iguales*. Y es bueno recordar que la distinción puede resultar algo artificial, pues una forma puede conducir a la otra. Una pataleta de manipulación puede convertirse en una pataleta temperamental si el niño se enfrasca en su gritería. Inversamente, una pataleta temperamental asume características de manipulación cuando el niño comprende que puede sacarle partido.

Las siguientes pautas les ayudarán a distinguirlas:

- La pataleta de manipulación es menos intensa.
- La pataleta de manipulación es el claro resultado de que el niño no ha obtenido algo que quiere. No hay necesidad de buscar el motivo; es obvio.
- En la pataleta temperamental hay un motivo temperamental subyacente.
- Si analizan la reacción de ustedes, encontrarán que el niño les inspira más pesar cuando la pataleta es temperamental. Tal vez ustedes se digan: "Es que no puede evitarlo". Con la pataleta de manipulación podrían pensar: "Está tratando de salirse con la suya".

Conociendo la diferencia entre los dos tipos de pataleta, ¿qué deben hacer ustedes? Cada una requiere un tratamiento diferente.

La pataleta de manipulación

- No hay que ceder, a menos que la negativa inicial de ustedes haya sido irrazonable. Si fue irrazonable, pueden cambiar de parecer. Pero en todos los demás casos tienen que enviarle al niño el mensaje de que la pataleta no va a surtir efecto. Si ceden repetidas veces, le estarán diciendo que la manera de lograr su voluntad es volviéndose insoportable.

• La actitud de ustedes con el niño debe ser más amenazante; sean más rígidos y firmes. No sean demasiado tolerantes. No le digan al niño: "Siento mucho que estés molesto y que llores, pero no te daré el chupete", sino: "No te daré el chupete, y punto. Y quiero que controles tu comportamiento".

• Una técnica válida, aunque no siempre tenga éxito, es la distracción. Aquí debemos recordar la siguiente diferencia: Distraer al niño significa hacer algo práctico en el momento de la pataleta para distraerle la mente de lo que la causa. Ceder (cosa que no deben hacer) significa que ustedes pierden la autoridad y le dan al niño una mala lección.

• Es apropiado enviar al niño a otro lugar, por ejemplo diciéndole: "Tienes que irte a tu alcoba hasta que te calmes".

• Usualmente da buen resultado no darle importancia al comportamiento, si ustedes obran así continuamente durante varias semanas. Limítense a decir: "No", y no le hagan más caso.

• Si el niño empieza a lastimarse durante la pataleta, por ejemplo, golpeando el piso con la cabeza, será necesario intervenir. Si lo envían a su alcoba y sigue pataleando allí con la puerta cerrada, pueden entrar o mirarlo desde la puerta para cerciorarse de que no se está lastimando, pero mantengan una actitud distante.

Es más fácil hacerle frente a la pataleta de manipulación si ustedes conservan la misma actitud durante todo el tiempo. Deben ser firmes, no ceder, mostrarse autoritarios, no darle importancia al estallido, hacerle terminar, abstenerse de entrar en discusiones, mostrarse algo amenazantes o enviarlo a su alcoba. Se puede hacer cualquiera de estas cosas o cualquier combinación de ellas, pero hay que hacer siempre lo mismo. En el siguiente capítulo habrá ejemplos de cómo aplicar lo anterior en situaciones específicas.

La pataleta temperamental

- Estas pataletas son más intensas y los padres sienten que el niño está descontrolado. Cuando comprenden que él "no puede evitarlo", su actitud debe ser más amable y de mayor comprensión.
- Con estas pataletas, los padres deben estar físicamente presentes con el niño, abrazarlo, si él lo permite o simplemente permanecer allí como una presencia física reconfortante. Deben permanecer tranquilos y decirle cosas reconfortantes como: "Sé que estás trastornado, pero te vas a poner bien". Si él quiere estar solo una vez que se calme, respétenle este deseo.
- No debe haber largas conversaciones acerca de qué lo molesta, a menos que *él* mismo quiera hablar.

- Si es posible distraerlo, inténtenlo.
- Si el niño es muy intenso (ruidoso) y la pataleta es larga, ustedes simplemente podrían esperar que le pase. Los padres harían bien en tener a mano para ellos unos tapones para los oídos y unas aspirinas.
- Si ustedes admiten que la causa de la pataleta fue una violación del temperamento del niño, traten de corregir la situación. Por ejemplo, ustedes le ponen un suéter de lana a la niña, y ella tiene una pataleta para protestar contra el roce. Si le permiten que se quite el suéter, la pataleta puede no terminar inmediatamente, pues la niña puede estar enfrascada, pero no se prolongará tanto tiempo como si le dejaran el suéter puesto. Esto no es ceder, sino que los padres expertos entienden el verdadero motivo de la pataleta y procuran corregirlo.

Aquí también deben ser constantes; pero al contrario de su actitud ante un estallido de manipulación, aquí deben mostrarse más comprensivos y confortantes, en vez de amenazantes. Permanezcan con la niña y estén más dispuestos a cambiar de parecer.

Con ambas pataletas es sumamente importante que al comenzar el estallido se detengan a observar cinco o diez minutos para entender qué sucede. ¿Qué tipo de pataleta es? Su actitud dependerá de la respuesta a esta pregunta. Una vez establecido el tipo de pataleta, adopten una de las siguientes actitudes:

- *Sean firmes y amenazantes*. "No creas que vas a imponer la voluntad", cuando es una pataleta de manipulación.
- *Sean amables y comprensivos*. "Sé que para ti es difícil, y te ayudaré para que se acabe". cuando la pataleta es temperamental.

Si cualquiera de las dos pataletas ocurre en un lugar público, *deben retirar al niño de allí*. Nada se logra con pasar un mal rato. No vale la pena tratar de aguantar, especialmente si ustedes admiten que la pataleta es temperamental y no quieren que la gente los critique por ser tan "blandos" con el niño.

COMPORTAMIENTO ENFRASCADO

El niño *poco adaptable* o el *de umbral bajo* puede enfrascarse en un ritual con los padres, el cual puede escalar hasta convertirse en una lucha total. Por ejemplo, un niño dice:

— Mamá, amárrame los zapatos.

— Muy bien — dice la mamá, y se los amarra.

— No, mamá, no los siento bien. Amárramelos otra vez.

— Muy bien.

— Mamá, me molestan *horriblemente*. Amárramelos otra vez.

La técnica aquí es simplemente **ponerle fin a esto**.

Cada vez que el niño pide y la madre repite la acción, está llevando la situación a un nivel mayor de dificultad. El niño puede comenzar a causa de su umbral (v.g. los zapatos le molestan) y terminar enfrascado en el ciclo de "hazlo otra vez". Y cuando el niño se enfrasca, cuanto más repita usted la acción más le molestarán los zapatos o los ganchos del cabello, y más insistirá en que vuelva a hacerlo, y *ambos* terminarán enfrascados y trastornados. Estas situaciones también fomentan la mentalidad servil en la madre, que llegará a cualquier extremo para agradar a su hijo. Es preciso interrumpir estos ciclos.

¿Cómo reconocer lo que está sucediendo, y elegir el proceder más acertado?

Esencialmente, hay que reconocer que después de cierto punto usted ya no está aliviando la situación. Sabiéndolo, puede decirle al niño *antes* de empezar: "Sé que para ti es difícil que los cordones de los zapatos te queden bien. Pero si te los amarro una y otra vez, te van a molestar cada vez más. Por tanto, de ahora en adelante te los amarraré dos veces, y si todavía te molestan, te pondrás otros zapatos". Si es imprescindible que el niño utilice esos zapatos (por ejemplo los de tenis para la clase de gimnasia), usted podría terminar la escena diciendo: "Lo siento, pero tendrás que usarlos". Puede ser que le dé una pataleta, pero saldrá bien y con sus zapatos puestos.

Los padres que repiten varias veces una acción (atarle los cordones al niño, o peinar a la niña) empiezan a enfrascarse negativamente. Pero como aquí entra en juego un aspecto auténtico de umbral (el tacto), hay que tratar de eliminar la molestia física. Atarle los cordones menos de dos veces sería injusto, pero atárselos más de cinco veces indica, con toda seguridad, que usted está enfrascada. La solución ideal y práctica podría ser comprar zapatos que no tengan cordones.

En estos casos la neutralidad, la firmeza y la rotulación ayudan muchísimo, lo mismo que el siguiente consejo: Recuerden que prolongar la escena jamás facilitará las cosas. Por tanto, hay que adoptar una actitud definitiva *muy pronto*. Alargar las cosas sirve solamente para empeorarlas.

Este principio se aplica en muchas situaciones con niños que se encastillan. He aconsejado más tolerancia ante el estado de ánimo negativo, pero esto no significa que ustedes tengan que aguantar las manifestaciones desagradables interminables. Por ejemplo, si el niño sigue gimiendo y quejándose por algo, está muy bien reconocer sus sentimientos (para que sepa que lo escuchan), pero luego deben decirle firmemente que ya basta de quejas.

Muchos padres persisten en estas rutinas interminables por temor a las pataletas. No es posible estar seguros de que se evitará una pataleta amarrándole los cordones tres veces en lugar de diez. Pero si el niño patalea después de la tercera vez, pueden estar seguros de que lo habría hecho después de la décima. Mientras tanto, ustedes han eliminado diez minutos del círculo vicioso y han reafirmado, con amabilidad pero con firmeza, su posición de autoridad ante él. Detenerse a reconocer el origen temperamental del problema les facilitará mucho las cosas a ustedes, y se las facilitará al niño.

EL NIÑO COMO MENTOR

Si el niño tiene dificultad con cierto aspecto del comportamiento, ustedes pueden ayudarle a superarlo poniéndolo a él en la posición de un maestro. En esta forma ustedes crean en el niño la conciencia de que él lleva las riendas, que domina la situación. Por ejemplo, pueden comprarle un muñeco, y si le cuesta acostumbrarse a situaciones nuevas, pedirle que él le enseñe al muñeco a acostumbrarse a nuevas situaciones. También podrían conseguir un pequeño reloj de cambios para el muñeco y pedirle al niño que lo utilice. El niño mentor es una buena técnica para los que acostumbran morder. Si le dicen a la niña que su muñeca tiene un problema porque muerde, y la niña es la madre y debe ser bondadosa con ella y enseñarle a no morder, podrán conseguir buenos resultados. Un niño que tenga problemas para ir al supermercado o a una fiesta podría llevar su muñeco y mostrarle cómo acostumbrarse al lugar. La técnica también le ayudará a vencer ciertos temores. Al enseñarle al muñeco a ser más valiente, el niño aprenderá a vencer su propio miedo.

EL "COMPAÑERO VALIENTE"

Los temores del niño difícil pueden manifestarse con mucha fuerza a la hora de acostarse. El pequeño puede aferrarse a sus padres, y negarse a dormir en su propia cama, o insistir en que la madre permanezca a su lado. Un niño que tenga este problema se quejará de que siente miedo, sed, hambre, pedirá un cuento o una canción, etc. Esto se puede manejar dándole un animal de peluche "feroz" y diciéndole: "Este es tu oso valiente (o tu dragón o tu león). Te va a ayudar a no sentirte tan asustado por la noche cuando mamá no esté contigo. El juguete debe ser nuevo y específico; y solamente tener esta finalidad. Decirle al niño que el oso lo protegerá le ayudará a vencer los temores nocturnos.

Estas técnicas de manejo se ofrecen aquí como *guías* estratégicas y no como un catálogo completo de procedimientos. Si los padres son inteligentes y recursivos, podrán aportar mucho al éxito de su programa.

Recuerden también que la clave para el éxito de todas estas técnicas es la *actitud de apoyo*. Esta es muy importante. Recuerden una y otra vez que todo el tema de esta sección (y del libro) es el temperamento, el temperamento, el temperamento. Busquen siempre el temperamento, y si lo encuentran, manéjenlo con comprensión.

9

LA UNION DE LAS PIEZAS:
La reacción experta

¿Cómo reacciona usted de manera coherente y eficaz a las diversas y complejas situaciones que surgen todos los días en una familia con un niño difícil? En este capítulo aprenderá usted a integrar lo que ha aprendido acerca de la disciplina (capítulo 7) y las técnicas de manejo (desde el capítulo 8) para establecer una nueva manera práctica de tratar al niño.

La nueva manera de reaccionar se basa en la verdadera autoridad paterna. Se puede descomponer en una serie de pasos. Lo que sigue parecerá un exceso de información para procesar antes de poder tomar medidas. Usted pensará: "Si a mi niño le empieza a dar una pataleta, ¿cómo seguir un proceso tan complicado antes de lograr que se detenga?"

No se deje desalentar por la aparente complejidad. No espere dominarlo todo de inmediato. Con la práctica repetida y con la creciente confianza en la autoridad paterna, toda la secuencia se cumplirá en cuestión de segundos. Esto se convertirá en una "segunda naturaleza", y usted reaccionará acertadamente sin pensarlo. ¡Pero se necesita tiempo! Si usted logra modificar sus reacciones paulatinamente, en el término de algunas semanas, estará haciéndolo muy bien.

La serie de pasos que hay en la respuesta experta ante cualquier comportamiento difícil, negativo o "insoportable" es la siguiente:

1. *¿Soy capaz de hacerle frente?* Se trata de hacer una rápida evaluación de sí misma y de su estado mental en ese momento. Si no puede hacerle frente, desligue lo más pronto posible. Si es capaz de hacerle frente, dé el segundo paso.

2. *Convertirse en el dirigente.* Desprenderse, hacer a un lado los sentimientos, volverse neutral y comenzar a pensar.

3. *"Enmarcar" el comportamiento.* Reconocer el tipo de comportamiento, según el perfil de comportamiento.

4. *¿Es cuestión temperamental?* Trate de relacionar este comportamiento con el temperamento difícil del niño según se definió en el perfil de temperamento. Si es cuestión temperamental, la reacción no será castigar sino manejar.

5. *¿Es relevante?* Si el comportamiento molesto *no* se debe al temperamento, ¿es lo bastante importante la conducta para considerarla inaceptable? En caso negativo, dejarla pasar o tener una reacción mínima y desligarse.

6. *Castigo eficaz.* Si no es cuestión de temperamento, pero sí es relevante, hay que responder con firmeza y con eficacia.

Ahora veamos la reacción experta en mayor detalle.

Paso 1: ¿Soy capaz de hacerle frente?

El niño se está portando mal, está causando problemas, pataleando o lo que sea. El primer paso antes de reaccionar es evaluar la situación y tomar conciencia de la situación de *usted*. Pregúntese: "¿Cómo me siento en general respecto de mi situación hoy?" "¿Estoy bien conmigo misma, con mi esposo, con mis hijos?" Usted desea hacer un enfoque de usted misma, de una manera *general*: "¿Estoy de mal humor porque tuve una discusión con mi esposo anoche?" "¿Me parece que hoy no es mi día?"

Si se da cuenta de que está tensa, enfadada, nerviosa, o siente que no puede afrontar nada, entonces la respuesta a esta pregunta es: "No puedo". Si se siente así, no es el momento de intentar cosas heroicas. Cuanto menos haga, mejor. La meta principal será entonces desligarse. Librarse de la situación, o librar al niño de la situación, o librarse ambos.

Veamos cómo funciona en la práctica: La madre tiene un dolor de cabeza terrible y su empleada doméstica acaba de renunciar. Va con su hijito a una tienda, y mientras observa los accesorios para baño, el niño empieza a portarse mal: se pone a tocar todo y a sacar cosas de los anaqueles. La madre evalúa rápidamente su estado mental y considera que no tiene el tiempo, la paciencia ni los recursos emocionales para hacerle frente. Entonces opta por alzar al niño y salir de la tienda. Si ha ocurrido algo dentro del hogar, por ejemplo si el niño ha derramado los cosméticos, la madre podría optar por sacarlo de allí, sentarlo delante del televisor y cerrar con llave la puerta de la alcoba de ella para que él no vuelva a entrar.

En cambio, si el estado mental de usted es relativamente bueno, la respuesta será: "Sí puedo hacerle frente".

Recuerde siempre: Si no puede hacerle frente a la situación, lo indicado es que se desligue.

Paso 2: Convertirse en el dirigente

Este es un paso crítico porque exige aquella objetividad tan esencial para dominar una situación de comportamiento difícil. La madre empieza a adueñarse de la situación cuando hace de lado sus emociones y conscientemente adopta una postura neutral. El secreto es no reaccionar emocional ni instintivamente.

¡No se deje guiar por sus sentimientos!

¡No actúe como víctima!

¡Piense y evalúe!

Piense cosas como éstas: "¿Qué está sucediendo aquí?" "El adulto soy yo". "Yo soy más grande, más fuerte, más inteligente". "Aquí mando yo". "Yo soy el experto en cuanto a mi hijo".

Recuerde siempre: Sea neutral, no responda emocionalmente.

Paso 3: "Enmarcar" el comportamiento

El objetivo aquí es de simple reconocimiento. Usted mira un patrón de comportamiento y trata de ubicar el comportamiento del niño en una categoría. *Concéntrese siempre en el comportamiento; trate de no pensar en los motivos del niño.* La clasificación de los comportamientos y las circunstancias en que ocurren aparecen en el capítulo 6. Hágase preguntas como ésta: "¿He visto esto antes?" La idea es no dejarse sorprender, confundir ni desorientar por nada de lo que el niño haga.

Recuerde siempre: Piense en el comportamiento, no en los motivos.

Paso 4: ¿Es cuestión de temperamento?

Otra manera de plantear esta pregunta es: ¿Puede el niño impedirlo? Aquí se trata de relacionar el comportamiento con un aspecto temperamental. Ya la madre será práctica en esto, pero si quiere refrescar la memoria puede repasar el perfil de temperamento.

Si puede relacionar el comportamiento con un rasgo temperamental, debe cambiar rápidamente y asumir una actitud de comprensión y entendimiento, y proceder a manejar al niño en lugar de castigarlo. Esto se hace mediante el contacto visual, la rotulación y la aplicación de una técnica.

*Recuerde siempre: Si es temperamento,
manéjelo.*

Paso 5: ¿Es importante?

¿Qué hacer si usted no puede relacionar el comportamiento con el temperamento? Usted opina que el niño *sí puede* evitarlo. ¿Debe castigarlo o no? Depende de cuán importante sea el asunto. Los padres ya han acordado una lista de comportamientos relevantes: los que considerarán siempre inaceptables. Por tanto, usted estará en condiciones de decidir rápidamente si el comportamiento es relevante o no. Si no lo es, el objetivo será no darle importancia a la situación, o bien reaccionar al mínimo y desligarse. La actitud general ante un comportamiento no relevante es de cierta ligereza y falta de interés. Hágase preguntas como ésta: "¿Perderé con no hacer nada?" "¿Puedo dejarlo pasar?" (Para más detalles, repase el tema **Pregúntense: ¿Es relevante?** en el capítulo 7.)

*Recuerde siempre: Si no es relevante,
haga lo menos posible.*

Paso 6: Castigo eficaz

Esta es su "arma de grueso calibre". Utilícela únicamente para el comportamiento *relevante*. El niño ya conoce las nuevas reglas del hogar. El sabe qué comportamientos serán castigados siempre. Por tanto, si quebranta una regla deliberadamente, hay que castigarlo. Si hay tiempo, se le puede hacer una advertencia, pero *nunca más de una.* Recuerde tres tipos de castigo que usted emplee, digamos enviarlo a su alcoba, quitarle un privilegio o posesión o darle una nalgada. Escoja uno de ellos rápidamente y apliqueselo brevemente, sin darle muchas explicaciones y sin negociar: "Sabes muy bien que no debes tirar el plato al piso. Vete a tu alcoba por cinco minutos". Si se niega, hay que tomarlo de la mano y llevarlo. La actitud general de usted debe ser firme y algo amenazante. Puede emplear un tono cnojado, pero sin perder el control. A veces los pequeños no necesitan más castigo que un regaño firme en tono amenazante. (Para más detalles repase **La disciplina eficaz**, en el capítulo 7.)

Recuerde siempre: si es relevante,
debe castigar brevemente.

Un consejo final: Hay que ser práctico. Emplee el sentido común y la imaginación. Por ejemplo, si al niño le da una pataleta en un lugar público, lo sensato es alejarlo de allí y llevarlo a un lugar más tranquilo para aplicarle la medida de castigo o manejo. Si no hay otro lugar, hágalo en el asiento trasero del automóvil o enciérrese en el baño. El sentido común en los padres es un gran aporte al éxito de sus esfuerzos. Y a veces (v.g. si el comportamiento es peligroso) es necesario prescindir de todo el proceso de tomar decisiones, cortar por lo sano y, sencillamente, reaccionar ante lo que el niño está haciendo, por ejemplo cuando sale corriendo para la calle o cuando se trepa a la copa de un árbol. En esos casos, ¡actúe! La idea es no suprimir el sentido común ni los instintos naturales.

Eso está muy bien, dirá usted; pero ¿cómo funciona el sistema en la vida real? A modo de ilustración, describo a continuación 10 viñetas de la vida familiar basadas en la experiencia de padres y madres que toman parte en el Programa del Niño Difícil. Cada una representa una situación típica en la vida cotidiana de un niño difícil. Después de cada viñeta, sugiero una **reacción**, o sea una respuesta inmediata al comportamiento del niño, y luego una **acción planeada** diseñada a más largo plazo para manejar asuntos de mayor cuantía.

Las acciones planeadas se refieren a distintos métodos que sirven para mejorar el comportamiento del niño y el ambiente general. Las acciones planeadas deben pensarse cuidadosamente y discutirse de antemano. En cierta forma, el niño es "socio de estos métodos", que buscan mejorar situaciones tales como las transiciones y los problemas de sueño, o bien brindar incentivos para un cambio de comportamiento.

Las acciones planeadas incluyen rutinas de mañana y tarde con el sistema de estrellas o sin él, el reloj de cambios y otros medios de preparación, el compañero valiente, el niño como mentor y la institución de premios por comportamientos específicos. Los detalles de estas técnicas se en-

LA RESPUESTA DEL EXPERTO
Arbol de decisiones para los padres

COMPORTAMIENTO DIFICIL

↓

1. ¿PUEDO AFRONTARLO? ——— *No* ——→ RESPUESTA
                                                      INMEDIATA
                                                      Desligarse

Sí

↓

2. CONVERTIRSE EN EL DIRIGENTE
Desprenderse
Permanecer neutral
Pensar, no sentir

3. ENMARCAR EL COMPORTAMIENTO
Reconocimiento
El comportamiento, no sus motivos

↓

4. ¿ES CUESTION DE TEMPERAMENTO? —*Sí*—→ MANEJO
                                                        Contacto visual
                                                        Rotulación
No   Técnica

↓

5. ¿ES RELEVANTE? ——— *No* ——→ RESPUESTA
                                                      MINIMA
                                                     Desligarse

Sí

↓

6. CASTIGO EFICAZ
"El arma de grueso calibre"
Breve
Directo
Tono amenazante

cuentran en el capítulo 8. Usted verá cuán útiles son las técnicas para impedir que se repitan las situaciones problemáticas.

Una palabra de precaución: No hay que tomar estas sugerencias como "fórmulas" para su familia. Las soluciones que los padres logren idear se basarán en el estudio de todo el programa y en la comprensión del temperamento especial de su propio hijo.

"¿POR QUÉ NUNCA TE GUSTA NADA?"

La familia Gordon se fue de paseo. Los padres compraron entradas para una función en vivo de *Plaza Sésamo*. El niño mayor tiene seis años; es simpático y se porta bien. La menor, Deborah, es seria, tímida y a veces muy apegada. Los padres han gastado mucho dinero con la esperanza de complacerlos. La niña tiene cuatro años, y rara vez disfruta de las películas y programas infantiles. Pero le fascina *Plaza Sésamo*, especialmente Big Bird. Llegan al gran escenario público donde se va a presentar la función, pero la niña gime, se aferra a la madre y se niega a entrar. Luego teme sentarse en su propio puesto e insiste en subirse a las faldas maternas. Cuando por fin se tranquiliza, empieza la función, y los personajes aparecen en vivo. Cuando llega Big Bird, Deborah llora de susto. Los demás niños se ríen encantados, llamándolo: "Big Bird, Big Bird", pero Deborah está inconsolable. Su madre se pone furiosa:

— ¿Qué te pasa? — le susurra con rabia contenida. Deborah no puede hablar, pero al fin balbucea:

— Tengo miedo.

— Pero es Big Bird, tu favorito de la televisión.

— No, no es — responde la niña con voz lastimera —. No es el mismo.

Los padres no tienen más remedio que sacar a la
niña llorando y regresar a casa, enojados y convencidos de que han fracasado otra vez. La niña, piensan ellos, nunca disfrutará de nada.

¿Qué harían unos padres expertos?

Reacción: Los padres pudieran haber reaccionado
de otra manera con Deborah cuando se aferró a ellos
y cuando mostró temor por la presencia de Big Bird.
Primero, tienen que permanecer neutrales y hacer
caso omiso de sus propios sentimientos. Luego deben
enmarcar o clasificar el comportamiento de la niña.
¿Dónde la han visto portarse así antes? Deborah se
está mostrando tímida, exigente y quejumbrosa en
un lugar público. ¿Es cuestión de temperamento?
Obviamente. Esta es la reacción de Deborah ante lo
nuevo, su retraimiento y su rechazo inicial. La niña
se excita fácilmente y se siente un poco abrumada
en el teatro. Su falta de adaptabilidad la hace muy
consciente de que "Big Bird no es el mismo". La
seriedad refleja su ánimo negativo. Ahora el padre y
la madre comprenden que es un asunto temperamental y que Deborah necesita recobrar la confianza.
La madre toma a Deborah con cariño y la sienta en
sus faldas. La abraza y le dice quedamente: "Sé que
todo esto es nuevo para ti y que no estás acostum-

brada a ver a Big Bird de esta manera. Pero no te preocupes. Puedes mirarlo poquito a poco". Puede animar a la niña asustada para que eche miraditas rápidas de vez en cuando. Si esto fracasa y la niña sigue inquieta, puede llevarla — siempre con comprensión — al fondo del auditorio donde tal vez la induzca a mirar desde más lejos.

Acción planeada: Con una niña así, los preparativos deben comenzar el día anterior. Explicarle que va a ver a sus personajes favoritos *en vivo*, que serán muy parecidos pero que los va a ver diferentes, mucho más grandes y con más colorido. Se le habla del tema brevemente. El día de la función deben salir temprano para que tengan tiempo de estar un rato fuera del teatro mientras la niña se acostumbra. Deben llegar temprano antes de que estén ocupados todos los puestos. Luego pueden mostrarle a la niña su puesto y el escenario. Si compran golosinas y ella las rechaza, pueden guardarlas para más tarde cuando se haya acostumbrado a todo. Los padres deben acordar su estrategia de antemano: quién se sentará a su lado, quién la sentará en las piernas, y de ser necesario, quién la llevará al fondo del teatro. Ante todo, no insistirle en lo costosa que resultó la invitación, cuánto se han incomodado por darle gusto ni cuánto desean que ella disfrute. Recuerden que su estado de ánimo predominante es serio. Por tanto, no va a expresar tanta felicidad y emoción como su hermanito mayor.

NADIE GANA, TODOS PIERDEN

Alice Blake tiene un bebé voraz de seis meses, y una niña difícil de seis años que está en su segunda semana de escuela y no se encuentra muy adaptada. A las cinco de la tarde Alice ve que se le ha acabado la leche para el bebé y tiene que ir rápidamente a comprar más. No puede pedirle el favor a su esposo, quien trabaja hasta tarde hoy. Alice busca a su hija, que está jugando con sus muñecas, y la interrumpe:

— Ven conmigo a la tienda. Necesito leche para tu hermanito.

— La niña rehúsa y sigue jugando. Alice trata de persuadirla. La niña repite con más fuerza:

— ¡No voy!

— Está bien — dice la madre —. Puedes quedarte aquí jugando con tus muñecas. Yo no me demoraré. Cerraré la puerta con llave. Ya te has quedado sola antes y no pasará nada.

—¡No! — grita la niña —. ¡No te vayas!

— Entonces ven conmigo en el auto.

— ¡No, no, no!

La niña está dando alaridos. El bebé también, pero de hambre. La madre está desesperada.

— ¡Mira lo que estás haciendo, cómo lo trastornas todo! ¿Y qué tal tu hermanito? Es apenas un bebé, no tiene leche... ¡y todo es por tu culpa!

La niña se queda mirando mientras su madre sale airada de la alcoba. Luego, dando alaridos, tira sus muñecas por todas partes.

¿Qué haría una madre experta?

Reacción: La madre debe permanecer neutral, y luego enmarcar el comportamiento de la niña. Este es su comportamiento resistente y testarudo, y el hecho temperamental es que la niña no es adaptable, y el cambio (de jugar con sus muñecas a salir a la calle) es demasiado repentino. Además, la madre le ha pedido que decida si quiere venir o quedarse sola en casa, cuando la pequeña no está dispuesta a hacer ni lo uno ni lo otro. También entra en juego la fragilidad de una niña que no se ha adaptado a su primer año de escuela. Por último, las cinco de la tarde suele ser mala hora para cualquier niño. Comprendiendo que no era el momento de dejarla sola, la madre debiera haber dicho: "Sé que necesitas tiempo para cambiar de actividad. Siento mucho que hoy no tengamos mucho tiempo, pero puedes llevar tus muñecas en el automóvil, y si tienes hambre también te compraré alguna cosa para comer". Si esto no ayuda, y la niña está simplemente bloqueada y no puede decidir si irá o no, no hay que pensar que quiera frustrarla a usted deliberadamente. Tal vez lo mejor sea decidir que la leche del bebé no es tan importante y que se puede reemplazar con jugo, para luego ayudarle a la niña difícil a superar su momento de trastorno. Si la niña se encuentra en esta situación y no es capaz de decidir, usted debe ser comprensiva y brindarle apoyo, y tomar la decisión por ella.

Acción planeada: Con una buena preparación,

la niña no tendrá ninguna opción. Aquí se puede emplear el reloj de cambios. Se le dice a la niña: "Dentro de cinco minutos iremos a comprar leche, y dentro de diez minutos estarás de regreso jugando con tus muñecas en tu alcoba". Hay que tener en cuenta el contexto del comportamiento infantil. En las primeras semanas de escuela, la niña suele ser más frágil y no hay que hacer cosas repentinas ni muy inesperadas.

"EN RESUMIDAS CUENTAS, ¿DE QUIEN ES ESTA CAMA?"

Por diversos motivos, Jason se ha estado pasando a la cama paterna desde hace mucho tiempo. Ahora, a los tres años y medio de edad, se niega a dormir en cualquier otro sitio. El problema comenzó en la primera infancia, pues el niño se despertaba con frecuencia durante la noche. Cuando empezó a salirse de la cuna, se dirigía a la alcoba de sus padres y se metía en la cama de ellos. Muchas veces estaban tan cansados que no lo llevaban a su cuna sino que lo dejaban ahí. Poco después, rechazó del todo su cuna, y la madre, cansada de la lucha diaria, empezó a acostarlo en la cama de ellos para pasarlo a la cuna más tarde. Las visitas nocturnas y los paseos de una cama a otra se han convertido en un ritual, complicado por un reciente acceso de miedo del niño. Jason dice que tiene miedo de la oscuridad, de los monstruos, de las pesadillas y de la soledad. Cada noche, tras un breve intento por dejarlo en su alcoba, la madre cede. El padre y la madre han tenido algunas discusiones serias acerca de cómo manejar la situación. El ha pretendido imponer un horario fijo de sueño y obligar al niño a permanecer en su alcoba. La madre, más protectora, le tiene lástima, y se ablanda hasta el punto de dejarlo dormir en la cama paterna. Ahora el padre amenaza con pasarse al sofá. "En resumidas cuentas, ¿de quién es la cama?" le protesta a su mujer.

¿Qué harían unos padres expertos?

Reacción: No es aplicable; el problema no tiene solución inmediata.

Acción planeada: La clave para resolver un problema como éste es comprenderlo muy bien. Háganse algunas preguntas acerca del niño. ¿Viene a su cama porque siente miedo? ¿O lo ha convertido también en un medio de manipular a sus padres? ¿Están ustedes confundiendo la hora de acostarse con la hora de dormir? A veces el miedo, la manipulación y la irregularidad se encuentran tan entremezclados que es difícil distinguirlos. Probablemente habrá que ensayar varias estrategias hasta encontrar la combinación acertada. Si el niño es irregular, no es posible obligarlo a dormir, pero sí pueden ustedes fijar una hora determinada para que *se acueste*. Para ayudarle a vencer los temores, es muy útil regalarle un "compañero valiente", esto es, un "oso valiente" o algún otro animal de peluche que lo proteja por la noche.

También pueden ustedes valerse de un muñeco para aplicar la técnica del "niño mentor", en la cual se le pide al pequeño que cuide al muñeco como lo haría mami o papi. Por la tarde, se pueden establecer ciertas rutinas que le den al niño temeroso o irregular un sentido de tranquilidad y seguridad. Las rutinas deben empezar mucho antes de la hora de acostarse, con algunos juegos después de la cena, un rato de televisión y las actividades en el baño, todo en orden y seguido de una agradable rutina para el momento de acostarse, que puede incluir cuentos ya conocidos, canciones calmantes y una buena sesión de abrazos y cariño — después de lo cual viene el momento de acostarse (no necesariamente de dormir). Se le puede permitir al niño que lleve algunos juguetes a la cama, y se le puede encender una tenue luz nocturna. Se le permite jugar un rato pero sin salirse de la cama. Si todo lo demás fracasa, ustedes podrían ofrecerle un premio específico para ayudarle a establecer el hábito de quedarse en su propia cama. Si el niño se despierta por la noche y viene a la cama de ustedes, hay que tranquilizarlo pero siempre tratar de llevarlo nuevamente a su habitación. Esto se hace de manera breve y firme. Si tiene miedo, permanezcan con él hasta que se calme, pero sin meterse en la cama con él. Hay que consolarlo y darle seguridad, pero no hacer nada que lo estimule.

EXIGENTE PARA COMER

A la madre de Johnny le gusta cocinar y darle a su

familia comidas buenas y nutritivas. Lee recetas y revistas en busca de nuevas ideas, y cree firmemente en la conveniencia de la dieta equilibrada. Le dedica mucho tiempo a la planificación y preparación esmerada de los alimentos. Pero su hijo Johnny, que ya tiene cuatro años, ha sido difícil. Rara vez siente hambre a las horas normales y no le gustan los cambios en la dieta. Gran parte de lo que le ofrecen le sabe "raro". Su madre sufre frustraciones constantes y sentimiento de rechazo porque el niño no le acepta la comida. Ella se enoja porque se esmera mucho; además, le preocupa que el niño no se alimente bien. El resultado es que vive obligando a Johnny, tratando de convencerlo y rogándole. Pero, por otro lado, el pequeño la persigue todo el día, pidiéndole algo de comer: manzanas, mortadela, queso, galletas. A toda hora pide y pide, y ella se lo pasa entrando a la cocina a prepararle algo distinto. Pero una vez cortada la tajada de queso o pelada la manzana, el niño cambia de parecer y ya no quiere, o solamente recibe un bocado. Madre e hijo están enfrascados en una lucha interminable y agotadora.

¿Qué haría una madre experta?

Reacción: No es aplicable. Lo que se necesita aquí es retirarse de la lucha, dejar de insistir y elaborar una acción planeada.

Acción planeada: Es obvio que el problema de Johnny se relaciona con el temperamento. Sus ritmos irregulares le impiden sentir hambre a las horas normales. Como tiene mala adaptación, no le gustan los cambios de comida ni de preparación, y su extrema sensibilidad a los sabores le produce la sensación de que la comida no es exactamente igual y que sabe "raro". La madre de Johnny también debe analizarse a sí misma. ¿Le preocupa en realidad tanto la salud del niño, o acaso le molesta pensar que está rechazando los alimentos preparados por *ella*? Si la salud es motivo real de inquietud, puede llevar al niño a donde un pediatra y pedirle su opinión sobre el estado de salud del pequeño. A la hora de comer debe exigirle a Johnny que se siente a la mesa con los demás aunque "no tenga hambre". La *hora de comer* puede ser cuando sí tenga hambre. Si lo que el niño come y cuando lo come se ha convertido en un problema tan grande, la madre podría preparar un plato de "cositas apetitosas".

En general, si el niño es exigente con las comidas, la madre debe ser mucho más flexible en materia de dieta. Esto les parecerá una herejía a algunas madres, especialmente a las que temen que los hábitos alimentarios irregulares de su hijo estén agravando el comportamiento. Veamos esta inquietud desde la perspectiva más racional. Con un niño muy difícil son muchos los elementos del círculo vicioso que surgen en relación con la comida. Lo primero es superar estos elementos; de lo contrario, el niño podrá acabar tan enfrascado en una lucha de poder respecto de los alimentos que se niegue a recibir incluso lo que le gusta. Por tanto, la primera tarea es eliminar el círculo vicioso en el aspecto de la comida. Puede consultarse con el psiquiatra primero, si se quiere, pero cada vez que la madre sienta ansiedad o enojo por el problema de la comida debe sobreponerse. Logrado esto, y cuando la vida familiar sea más armoniosa, podrá volver a ocuparse del aspecto puramente nutricional — con resultados mucho más positivos.

VAMOS EN EL AUTO

Jane Wilson anda mucho en automóvil. Vive en una zona residencial alejada, y para ir al supermercado o a los centros comerciales tiene que tomar la autopista. Estos viajes no son muy largos, pero usualmente el tránsito es pesado, y debe conducir con cuidado. Tiene que prestar mucha atención, pero es difícil cuando lleva a los dos niños. El mayor de seis años, es un chico que más o menos se porta bien, pero el menor es un terremoto de cuatro años, un niño sumamente activo, testarudo e impulsivo. A veces es imposible amarrarle el cinturón de seguridad. Se sienta detrás del puesto del conductor y al lado de su hermano. Hoy está más vociferante e inquieto que de costumbre porque se le interrumpió su juego en el columpio. Desde el asiento trasero protesta ruidosamente. La madre, que trata de concentrarse en el tránsito, le grita: "¡Silencio!" El niño se está descontrolando. Toma una pequeña pala de un conjunto de juguetes de playa que hay allí, y le pega a su hermanito. Empiezan a volar juguetes. De repente la madre recibe un golpe en la cabeza con un balde metálico.

¿Qué haría una madre experta?

Reacción: Lo primero que hay que hacer en una situación de peligro como ésta es detener el automóvil; salirse de la autopista y buscar algún lugar seguro para estacionar; tranquilizarse. Hay que reconocer que éste es un "comportamiento desenfrenado"; luego averiguar si entra en juego algún factor temperamental. Es obvio que sí. El niño estaba feliz en una actividad "libre" que le permitía descargar energías. La interrupción para ponerlo en un sitio confinado lo tiene que trastornar. De ahí en adelante todo empieza a intensificarse. El niño se enloquece y pierde todo control. La madre debe pasarlo al asiento delantero, hacer contacto visual con él y calmarlo suavemente: "Sé que te sentiste molesto por tener que abandonar el columpio. Hice esto demasiado rápido, y para ti era muy duro meterte en el automóvil. Cálmate; todo está bien". Podría dejar al niño a su lado durante el resto del viaje. Probablemente sea mejor que un niño así se siente adelante, al lado de su madre.

Acción planeada: Es claro que habría sido muy útil una buena preparación. Debe utilizarse el reloj de cambios para suspender la actividad en el columpio. La segunda medida sería sentar al niño en el asiento delantero al lado de la madre, permitirle que escoja algunos juguetes no peligrosos y dejar los demás en el baúl del automóvil. También conviene mantener en el auto una pequeña bolsa para emergencias, quizá debajo del asiento, con elementos especiales para viajes más largos. Allí se puede incluir alguna golosina favorita, por ejemplo unas latas de jugo, un juguete de peluche y algunos objetos nuevos que puedan interesarle a un niño aburrido e inquieto (v.g. un juego de llaves, una cajita interesante o unas calcomanías de colores). Si está demasiado excitado, hay que tranquilizarlo *antes* de emprender el viaje en automóvil.

DON PATALETAS

El día está frío y nublado en Nueva York. Una madre mira por la ventana, y se siente encarcelada. Su hijo de cuatro años se está desesperando por permanecer encerrado todo el día en la casa, pero en vista de las nubes y el frío ella se pregunta si vale la pena sacarlo al parque. Después de varios intentos infructuosos por distraerlo, el niño se pone cada vez más difícil, y ya le han dado dos pataletas. La madre está lista para el enfrentamiento. Entrando en la habitación del pequeño, le pregunta:

— ¿Quieres ir al parque?

— ¡No, no, no, no! — es su respuesta.

— Allá puedes correr — le dice ella, recogiendo algunos de los juguetes dispersos por la alcoba.

— ¡No, no! — sigue gritando el pequeño al borde de una pataleta. La madre lucha por conservar la calma, sin saber qué es lo que quiere el niño ni qué es lo que le pasa. Se prepara para lo que venga.

— Vamos a salir — dice terminantemente, y lo lleva a la fuerza a su cama, donde lo sienta. Hablándole, logra calmarlo un poco. Le pone los zapatos de tenis y le ata los cordones.

— No, mami, me molestan — se queja el pequeño, y ella vuelve a atarle los cordones.

— No mami, los odio — dice con voz lastimera, y ella vuelve a atárselos. Una y otra vez se repite la escena: ella ata, y él protesta. El niño termina dando alaridos, y la madre espera, agotada, el siguiente paso. Persiste porque sabe que si no logra sacarlo de la casa, ella se va a enloquecer. El chico rehúsa ponerse el abrigo, y tiene otra explosión. La madre insiste, y lo obliga a ponerse el abrigo. Lo saca del apartamento arrastrándolo y logra introducirlo en el ascensor. Cuando llegan a la entrada del parque, el niño se aferra a la reja y se niega a dar un paso más. Grita. Otras madres se detienen a mirar. Ella siente que ya no aguanta más. "No me la vas a hacer otra vez", dice para sí, y lo lleva arrastrándolo al interior del parque. Después de mucho protestar, el niño sucumbe, y una vez adentro se va a jugar con los otros niños. La madre se desploma en un banco con un suspiro de alivio. Poco después, su hijo viene a pedirle su camioncito.

— Está en la casa — responde ella —; pídeles a tus compañeros uno prestado.

— Pero yo quiero el mío — insiste el pequeño —; anda y lo traes.

— No lo traeré. Ahora vete a jugar.

Al pequeño le da otra pataleta. La madre, furiosa, se siente mártir.

¿Qué haría una madre experta?

Reacción: Este niño tiene dos tipos de pataleta: una temperamental y otra de manipulación. La madre no ha distinguido entre la pataleta temperamental (por la molestia que le causan los cordones de los zapatos y el abrigo pesado) y la pataleta para salirse con la suya (quiere su comioncito), y ella reacciona igual en ambas circunstancias. Debe recordar cómo se maneja cada una: la pataleta temperamental con comprensión y atención; la de manipulación manteniéndose firme y tratando de no darle importancia. Con un niño así, la madre haría bien en hacerle entender: "Cuando digo que no, es no". Si la pataleta en el parque continúa, lo lleva a casa. También debiera haberle puesto fin mucho antes a la escena de los zapatos. Nada se gana con amarrárselos una y otra vez. A la entrada del parque, ella debiera haber reconocido la característica de retraimiento del niño y haberle dado tiempo para sobreponerse.

Acción planeada: Esta madre y su hijo están atrapados en el círculo vicioso. Dando por sentado que ella ha aprendido algunos nuevos principios y técnicas, lo primero que debiera haber hecho era tomar con más anticipación la decisión de ir al parque y haber preparado al niño. Igualmente, debiera haberse esforzado por mantener un estado de ánimo más neutral. Usted nunca debe actuar movida por la desesperación, porque así le atribuirá motivaciones a la conducta del niño. *No mezcle sus propios sentimientos en el asunto.* Decida con neutralidad: ¿Debo llevarlo al parque o no? ¿Sí o no? El reloj de cambios le ayudaría al niño a pasar de una actividad a otra. En cuanto a los zapatos de tenis, hay que fijarle un límite que el niño debe saber. Si el problema subsiste, cámbiele los zapatos. O cómprele otros que no sean de cordones. Si está haciendo frío y el niño rechaza el abrigo, haga que él lo lleve en la mano; si está haciendo frío de verdad, él se lo pondrá. Pero si él siente calor (es posible, si el niño es muy sensible a la temperatura), no hay que obligarlo a usar el abrigo porque esto le causará un problema temperamental. Al llegar al parque, aunque sea un lugar conocido, el niño podría presentar retraimiento. Hay que darle confianza. Dígale que usted comprende, y permítale que se quede con usted hasta que se acostumbre.

HOY MERECES UN DESCANSO

La familia Wilson goza con una niña de cinco años, a pesar de que es mucho más activa que sus compañeras. A veces es impulsiva, ruidosa y sensible a los cambios de su ambiente. Pero Stephanie es una niña simpática y positiva. El hecho de que tenga dos hermanos mayores ha sido una ventaja para sus padres: el estilo de vida de esta familia le permite a esta niña ser más activa de lo que sería tolerable en otras familias. El único problema surge cuando van a lugares donde ella se siente confinada, como, por ejemplo, restaurantes donde atienden camareros. Por esto hoy van a ir a un restaurante de autoservicio cómodo, donde hay un sitio agradable para que los niños puedan jugar. Cuando llegan, el señor Wilson hace el pedido mientras su esposa vigila a Stephanie en el sitio de juegos. Al poco tiempo, la niña denota señales de agitación, y pronto se descontrola. Otra niña intenta quitarle la muñeca; ella se enloquece y le pega. La madre no tolera semejante comportamiento: "Eres una niña mala, mala", le dice a Stephanie. "No puedes seguir jugando aquí". Se lleva a la niña para adentro y la obliga a sentarse. Stephanie está muy excitada, y se levanta. Encolerizada, la madre trata de obligarla a sentarse. La niña derrama la bebida gaseosa, tira las papas fritas al suelo y escupe la comida. Sus padres están furiosos. Se les dañó la comida, y no tienen la opción de dejar que Stephanie salga a jugar.

¿Qué harían unos padres expertos?

Reacción: Cuando la señora Wilson vio que Stephanie se estaba excitando en la zona de juegos, debió haber intervenido para calmarla un poco. Podría haberla llevado un rato al automóvil o al baño, a cualquier sitio alejado de los otros niños.

Permanezca neutral; acérquese a su niño, aléjelo de los juegos, haga contacto visual con él y dígale: "Estás demasiado agitado", y llévelo a otro lugar. A

Stephanie no debieron haberla obligado a entrar en el restaurante sin esta etapa de "enfriamiento". Cuando se mostró demasiado inquieta adentro, debieron haberle permitido que se bajara del asiento y que caminara un poco.

Acción planeada: El período de "enfriamiento", aplicado de modo general, ayuda a ponerle fin a este tipo de situación. El padre que vigila al niño sabrá cuándo retirar al pequeño antes de que sea demasiado tarde. Observando al niño, se dará cuenta de que es hora de intervenir. Si viven en un apartamento de la ciudad y el niño es sumamente activo, deben darle oportunidades de salir bastante como válvula de escape. Son benéficos los programas deportivos o de baile después de las horas de escuela, o bien algún programa de gimnasia especial para pequeños.

"NO ES JUSTO"

Michael tiene siete años y su hermanita cuatro. A él le parece que su hogar es el más injusto del mundo porque su hermanita insoportable *siempre* se sale con la suya. Nunca la castigan: hace cosas que no son permitidas: es detestable, y a él no le permiten pegarle. La niña es ruidosa y brusca. No comparte lo suyo, pero sí quiere los juguetes de los demás; y cuando quiere algo, molesta, molesta y molesta. La madre piensa que el hermano mayor debe ser más comprensivo con su hermanita; respecto de la chiquilla, piensa, por una parte, que la niña es difícil y que molesta mucho al hermano; por otra parte, suele protegerla en demasía: ¡Es tan pequeña y tan frágil! El padre, que no permanece mucho en casa, piensa que su hijo debiera ser "machito" y considera ridículo que un varón tenga que cuidar a su hermanita. Pelea mucho con su esposa por esto. El juguete favorito del niño es su tren metálico. Anda sobre rieles y tiene una estación, muñequitos, vagones de diversos tipos y, sobre todo, un precioso vagón rojo que va al final. Michael cuida mucho este juguete, sobre todo porque ha tenido que complacer a su hermanita en casi todo lo demás, compartiendo sus comidas, sus juegos y sus juguetes, y dejando que ella escoja los programas de televisión. Le parece que a ella siempre le dan gusto. Pero la niña está obsesionada con el tren y desea con especial vehemencia el vagoncito rojo. Ya ha intentado quitárselo varias veces. Cierto día, teniendo ella orden de jugar sola en su habitación, resuelve entrar en la habitación de su hermano y lo sorprende jugando con el tren.

— ¡Eso es mío! — exclama la niña alargando la mano para coger el vagón rojo. Michael no puede más:

— ¡No! — grita, mientras ella lo agarra. La pequeña pierde el control; le tira el vagón a la cabeza, y le pega en la frente. Michael da un alarido y también le pega a ella en la cabeza. La madre llega en medio de la trifulca y ambos niños exclaman:

— !Mamá! — Pero como la niña está más trastornada, la madre se pone a favor de ella.

— Tú sabes que no debieras estar aquí — le dice, pero sin enojo.

— El me pegó — responde la niña.

— Ella me tiró el tren a la cabeza — replica Michael. Pero la niña llora más que él, y parece que realmente le duele. La madre reprende a su hijo:

— Tú sabes que no debes pegarle — le dice, muy seria. Para el niño esto es una afrenta inadmisible.

— Siempre estás a favor de ella. No es justo. Y yo ¿qué?

Cuando el padre regresa, su hijo se encuentra malhumorado y no come. Tiene un buen chichón en la cabeza. La niña está feliz mirando su programa favorito en la televisión. El padre pregunta qué sucedió, y cuando oye la versión de su esposa sobre "mi pobre niñita" y cómo el hermano no la cuida, el señor estalla:

— ¡Esta niñita no es de porcelana! Mírale la frente al niño: ¿No lo pueden dejar en paz un rato?

A la hora de la comida siguen discutiendo pero no se resuelve nada. Al niño no le importa en realidad lo que su padre diga, pues casi siempre permanece con su madre.

¿Qué harían unos padres expertos?

Reacción: Si usted llega en la mitad de una pelea sin saber qué pasó, debe mantenerse aislado e imparcial. No pretenda juzgar. No trate de encontrar al culpable. Simplemente separe a los niños. Más tarde podrá preguntarse respecto del niño difícil, si fue un asunto temperamental. Mas por el momento hay que hacerle frente al comportamiento. La clave aquí es ser práctico y no parcializarse. Empiece por dirigirse al niño mayor, que está más tranquilo: "Yo sé que te gusta jugar solo con tu tren. Deja que me ocupe primero de tu hermana". Tenga con él algún gesto de simpatía que lo calme, y pase a ocuparse de la niña descontrolada. Esto no es favoritismo; es ser práctico. Como ella está con pataleta, lo más indicado es tranquilizarla primero y apaciguarla con algo que le guste, v.g. un juguete favorito o la televisión. Luego ocúpese del niño mayor. No hay que establecer culpas ni castigar a uno de los dos si no ha visto todo el incidente desde el comienzo.

Acción planeada: Averigüe la serie de incidentes que suelen culminar en pelea. Esto le ayudará a encontrar la solución. En este caso la niña es la que manda en el hogar y domina a su hermano. Se siente *con derecho* a usar el tren de su hermano, e insiste en quitárselo. Está empeñada en este capricho. Hay que tomar una posición firme. A la niña *no* se le permite jugar con las cosas de su hermano sin permiso.

También hay otras soluciones para los problemas entre hermanos:

- Si los niños pelean por los programas de televisión, lo más fácil puede ser comprar un segundo aparato si no es muy costoso.

• Si la pelea se va intensificando a medida que los niños juegan, observe su interacción y trate de analizar qué situaciones desencadenan los problemas. Trate de estar presente en los malos momentos. Si se da cuenta de que se está incrementando el fuego, entre pero *sin parcializarse.*

• Hable con el hermano mayor sobre el temperamento. Explíquele que la niña difícil no puede evitar ciertas acciones. Explíquele que por eso le pone más atención. Tómese el tiempo que sea necesario para dar estas explicaciones, pues le ayudan al hermanito a entender y tolerar.

• Cerciórese de que las normas que ha fijado estén de acuerdo con las necesidades de los niños y de que no esté complaciendo al menor. En este caso, el niño mayor necesita tiempo y libertad para jugar solo con *su* tren. Hay que dárselo.

• Una buena solución, al fijar reglas en el hogar, es transigir. Si ambos niños quieren el mismo juguete, deje que el menor juegue con él mientras al mayor se le permite ver su programa de televisión favorito. No tema imponer reglas apropiadas para *ambos* niños; pero establezca equilibrio.

• En términos generales, la mayoría de los padres necesitan ser más firmes con su hijo difícil y suavizar las cosas con el otro. Los niños difíciles engañan; son mucho más fuertes de lo que se piensa y no se les hace ningún bien tratándolos como una porcelana frágil.

"¡NO QUIERO IR A LA ESCUELA!"

Peter es un niño activo, pero a veces se echa para atrás y se aferra a sus padres. Acaba de pasar ocho semanas en un campamento de verano diurno. Aunque renuente al principio, ha disfrutado enormemente — mucho más que en el jardín infantil, donde el año fue difícil. Ahora se ve más confiado, y su madre, Jill, ha podido descansar estas semanas. Peter llegaba a casa, después de ocho horas en el campamento, cansado, con deseos de cenar y acostarse. Pero el campamento ya terminó y faltan dos largas semanas para que comience el año escolar. La situación ahora es difícil. Peter se aburre y se irrita por la falta de actividad. También está desarrollando un comportamiento de aferramiento y temor muy distinto del Peter al cual su madre se había acostumbrado durante el verano. Escasamente sale a jugar solo en el solar de la casa. La madre reacciona con irritación y fastidio, reflejo de su propia incapacidad de adaptarse a este período de transición (aunque ella misma no se da cuenta). Lo único que sabe es que a cada rato le alza la voz al niño: "¿Por qué no puedes jugar solo?" "¿Por qué te lo pasas aquí molestándome?" El niño le parece una sombra: siempre detrás de ella. Jill tiene una lista de cosas que debe alistar para la entrada a la escuela y trata de hacerlo todo a tiempo. Pero cada actividad, ya sea una ida a la peluquería o la compra de unos pantalones nuevos, es una batalla mayor. Peter se aferra a ella y se niega a entrar en las tiendas; no deja que el peluquero lo toque y rehúsa probarse los zapatos. Ni siquiera juega con su vecinito, que siempre fue su mejor amigo. La madre comienza a preocuparse. Creyó que Peter había "mejorado" con el campamento; allá cooperaba y disfrutaba, y los instructores tenían muy pocas quejas. Incluso Jill había pensado que el problema de la escuela se había acabado. Ahora se pregunta si Peter será un niño "perturbado", y le inquieta pensar qué sucederá en la escuela. "¿Cómo le irá sin mí?", se pregunta.

Efectivamente, la primera semana es desastrosa. Peter no quiere perder de vista a su madre, y la obliga a permanecer con él en el salón de clases. Cuando ella trata de salirse, el niño se pone histérico. A la segunda semana la situación empeora. El niño no quiere levantarse ni vestirse. Hay que llevarlo casi arrastrado a la escuela, y se aferra a las piernas de su madre. Ella no sabe qué hacer. ¿Debe ir con él? ¿Debe quedarse? ¿Debe darse por vencida y permitir que él se quede en casa un día? Ahora Peter tiene miedo al acostarse por la noche. Dice que les teme a los ladrones y a las pesadillas. Por último, la maestra le prohíbe a Jill quedarse en el salón. A Peter le da una pataleta. Jill mira a la maestra, quien se mantiene firme mientras los otros niños observan con asombro. Mirando a Peter, su madre le dice: "Suéltame", pero no le dice como si en realidad quisiera que la soltara.

¿Qué haría una madre experta?

Reacción: En cuanto a la renuencia a ir a la escuela, la reacción dependerá de si el comportamiento infantil es de tipo temperamental o no. ¿Lo es en el caso de Peter? En algunos aspectos sí, pues hay retraimiento inicial; pero aquí el temperamento no es el punto principal. Cuando un niño mayorcito se niega a ir a la escuela, el principio clave que debe recordarse siempre es: *El niño debe estar en la escuela; ése es su lugar, y nosotros tenemos que irnos.* Esto es terminante. Usted tiene que dejarlo allí e irse. Esto puede hacerlo con amabilidad pero con firmeza, sin ambigüedad. Sencillamente, despídase y váyase. No hay nada que discutir, nada que explicar. Cuanto más claras sean sus acciones con este niño, más fácil será para él. Inversamente, cuanto más tiempo se involucre usted en la negativa de él, más difícil será la situación.

Acción planeada: Aquí entran en juego varios aspectos:

• La madre debe estar muy atenta a su propia actitud cuando sus hijos se encuentran en casa durante los períodos de transición entre la escuela y el campamento, o durante las vacaciones. Ella se va a sentir más atrapada, pero así les sucede a todas las madres.

• Lo que le ocurrió a Peter en aquel período entre el campamento y la escuela es muy común. Hubo una etapa de crecimiento durante las semanas del campamento, seguida de una regresión. Esto sucede mucho con los niños difíciles, y la forma de manejarlo no es insistir en que sean más independientes sino, por el contrario, darles una base segura. Por ejemplo, no se empeñe en que el niño salga a jugar solo si manifiesta temor. Debe decirle que no se preocupe: "Sé que te acostumbraste a divertirte mucho en el campamento, y aquí en la casa es diferente; pero te vas a divertir aquí también". Durante estos períodos de transición hay que darle al niño mucha seguridad, y no juzgar su comportamiento. Pero hay que mantener el equilibrio: No se trata de mantener una actitud protectora en todo momento.

• Usted debe preparar al niño para el comienzo del año escolar hablándole de la escuela, pero sin mostrar un entusiasmo exagerado y sin alargar el tema. Conviene pasar enfrente de la escuela y mirarla, y, si es posible, entrar hasta el salón de clase. Pero esto se debe hacer de una manera tranquila y casi indiferente. No hay que empeñarse en entusiasmarlo.

• Si le parece que el niño necesita una rutina matinal para estar listo a tiempo, ésta debe instituirse una semana antes de que empiecen las clases. Cuando empiecen las clases, si el niño de cinco o seis años no quiere separarse de su madre, conviene que algún adulto lo reciba en la puerta de la escuela y lo lleve adentro. Puede ser un guardia, un ayudante de la maestra o la maestra misma. La madre no debe permanecer con un niño de esta edad (sí puede quedarse si se trata de un niño de escasos dos o tres años). Recuerde que la renuencia a entrar en la escuela es muy frecuente, y no solamente entre los niños difíciles. Sin embargo, el comportamiento regresivo es más común en los niños difíciles; ellos no se aferran un poco sino muchísimo. La madre debe mantenerse lo más neutral que pueda en su trato con el niño, ser amable y comprensiva, pero insistir en la necesidad de ir.

EL TERROR DE LA CLASE

Patty matriculó a su niña de cuatro años en una escuela infantil pequeña. Allison es "como un muchacho", muy fuerte, activa y mandona. Se agita mucho con facilidad, y no le gustan los cambios. Los padres han visto que las rutinas le aprovechan. El año escolar empieza y al mes Patty comienza a recibir llamadas telefónicas y notas de las maestras en que se quejan de su hija. Allison les pega a los otros niños y los muerde, tira los juguetes, se niega a compartir, no escucha ni presta atención y se niega a participar en muchos juegos. Nunca fue tan difícil en casa. Jugaba bien con sus dos hermanos mayores, ambos activos, y le gustaban sus rutinas. La madre se siente desconcertada. A medida que pasan las semanas, Allison empieza a mostrar señales de problemas en la casa. Se torna difícil e ingobernable. Por último, la escuela le informa a Patty que la niña "siembra el desorden" y que no podrá volver "si no aprende a comportarse".

¿Qué harían unos padres expertos?

Reacción: Por el momento, nada. Podrían retirar a la niña de la escuela mientras analizan la situación. A ella le explicarían en términos generales: "Vamos a dejarte en casa unos días para tratar de arreglar las cosas". Pedirían una cita con la escuela. No castigarían a la niña ni la interrogarían demasiado a propósito de lo sucedido. Este último punto es sumamente importante. Lo que menos podrían desear es que ella se considerara "mala".

Acción planeada: Si la niña tiene dificultades con las transiciones y los cambios de rutina en casa, tendrá también algunos problemas en la escuela. También entran en juego el alto nivel de actividad y la tendencia a la distracción. Los padres deben hablar con la maestra o maestras antes de que empiece el año escolar. No hay que crear mala voluntad dándoles a entender que no saben manejar a la niña, pero tampoco deben disculparse por ella de antemano. Hay que abordar el tema de manera constructiva, diciendo algo así: "Me gustaría contarle algunas cosas que me han ayudado mucho con mi hija. A ella le cuesta mucho trabajo cambiar de actividad, y yo tengo que prepararla para los cambios y darle algún tiempo extra. Esos minutos adicionales me ayudan muchísimo. Los juegos activos la pueden excitar demasiado y cuando está con un grupo de niños se agita muy pronto. Tengo que observarla porque si esto sucede, puede descontrolarse. Lo que me ayuda a evitarlo es alejarla un ratico para que se tranquilice. También me cuesta trabajo lograr que me escuche, pero algo que me ayuda mucho es procurar que ella me mire a los ojos antes de empezar a hablarle. Además, presta más atención cuando está sentada más cerca de uno". Estas sugerencias deben basarse en su experiencia como padre o madre y en su conocimiento del temperamento del niño. No plantee la conversación como si estuviera enseñándole a la maestra a cumplir su labor. Estos consejos ayudarán a establecer una buena comunicación con la maestra durante el año escolar.

Las anteriores viñetas demuestran cómo los principios de la autoridad paterna y las técnicas de manejo van de la mano con el conocimiento del temperamento para ayudarles a los padres a manejar a su niño difícil. Poco a poco, verán adelantos intercalados con períodos difíciles tanto para el niño como para los padres. Estos deben ser pacientes consigo mismos y cariñosos con el niño. Deben aprender a apreciar sus buenas cualidades y a disfrutar con él. Con el tiempo, el círculo vicioso quedará reemplazado por una relación de gusto, cariño y respeto entre padres e hijos.

10

COMO HABERSELAS CON UN BEBE DIFICIL
El primer año

¿Cómo era posible que un bebé tan pequeño les diera tanto trabajo? Los padres de Gayle, chiquilla de cinco meses, se hacían esta pregunta a diario. Recién nacida, la niña lanzaba unos gritos que sacudían toda la casa. Los padres se alarmaron; no entendían por qué era tan irritable, tan "chinchosa" y "malhumorada". Agotaron todos los recursos por alegrarla: darle juguetes nuevos y móviles multicolores, hacerle muecas, arrullarla, envolverla en frazadas delicadas. Pero cada intento parecía hacerla irritar más, y la niña redoblaba su llanto. Estaban convencidos de que su niña era el bebé más desdichado que jamás hubiera existido. ¿Era todo culpa de *ellos*? ¿Tenía Gayle algún problema grave?

◆

A la edad de seis meses, Jonathan nunca estaba quieto; era mucho más activo que cualquier otro niño que sus padres hubieran conocido. Se retorcía para que su madre lo soltara. Ya se había caído una vez de la cama, y otra vez de la mesa donde su madre le cambiaba los pañales; ella se había inclinado para recoger una camisa del suelo, y el niño cayó al piso como plomo. Ahora ella no le quitaba los ojos de encima, y al ver que pronto empezaría a gatear sintió más angustia que placer. Otro problema surgió cuando quiso darle alimentos sólidos; el niño protestaba y escupía cualquier comida nueva.

◆

Cuando Seth estaba por cumplir un año, sus padres sacaron una calculadora de bolsillo para tratar de sumar las horas de sueño que habían tenido desde que nació. Creían poder demostrar, sin lugar a dudas, que habían dormido menos que cualquier otra pareja. Seth nunca dormía a la misma hora. Una noche podía dormir diez horas seguidas y luego hacer dos siestas en el día. Al día siguiente eliminaba las siestas y por la noche dormía cinco horas; se despertaba cada hora o dos horas a gritar y molestar. La tercera noche tal vez no dormía nada, y quizá al día siguiente haría siestas. El apetito y los hábitos intestinales eran igualmente imprevisibles. Sus padres no habían podido fijarle un horario para comer y dormir. Además, era un niño caprichoso, exigente y malhumorado. El diagnóstico del médico había sido:

"Cólicos". Su predicción de que esto le pasaría a los dos o tres meses no se cumplió. Ahora la madre de Seth decía desconsolada que su hijo — cosa rara — seguía con cólicos a los 12 meses de edad. Era algo que no había esperado.

◆

¿Reconoce usted a su hijo en alguno de estos niños difíciles? Gayle mantiene un estado de ánimo intensamente negativo con un bajo umbral de estimulación; por su parte, Jonathan es muy inquieto y rechaza las comidas nuevas. Seth, con sus ritmos irregulares y su ánimo negativo está enloqueciendo a sus padres.

Investigaciones recientes confirman cada vez más la idea de que los niños nacen diferentes. El Estudio Longitudinal de Nueva York demostró, definitivamente, que las diferencias de temperamento se evidencian desde la más tierna infancia.

Ante un niño de temperamento difícil, los nuevos padres, vulnerables e inseguros, no saben qué hacer, e incluso el pediatra quizá no pueda dar todas las respuestas. Una buena parte de este comportamiento habrá que comprenderlo y aceptarlo o refrenarlo. En un niño mayorcito, el temperamento difícil, unido a las reacciones de los padres, suele producir un círculo vicioso. Pero en el recién nacido la expresión temperamental es más pura, y los padres todavía no se han involucrado en el círculo vicioso.

Otra diferencia es que, tratándose de un recién

nacido, la inquietud paterna gira en torno a: "¿Qué le pasa al niño?" y no: "¿Qué me pasa a *mí?*" La madre puede sentirse desconcertada y agotada, pero todavía no ha caído en las garras de la depresión y del fracaso. El matrimonio puede verse afectado, pero seis arduos meses no son lo mismo que tres o cuatro arduos años.

¿ES UN BEBE REALMENTE "DIFICL"?

Los padres probablemente necesitarán varios meses para distinguir entre un temperamento difícil y otras posibles explicaciones.

• El diagnóstico de "cólico" es común en los primeros tres o cuatro meses. Como entidad, el cólico no es algo claramente definido. El término suele aplicárseles a los niños irritables y molestos que gritan y lloran sin motivo aparente. Son muchas las teorías propuestas para explicar por qué un niño aparentemente sano grita y llora desconsoladamente. Muchos padres creen que el cólico es un simple problema digestivo, y que pasará a medida que el niño crezca. Algunos médicos están de acuerdo; piensan que el cólico es autolimitante, y que desaparece a los tres meses. Según otros, el comportamiento infantil caracterizado como de "cólico" tiene otras causas y puede prolongarse más allá de los tres meses. Mi propia opinión es que el llamado cólico se debe muchas veces a un temperamento difícil.

• El comportamiento difícil en el primer año de

vida puede confundirse con otros problemas. Si el niño rechaza el biberón, tal vez le están saliendo los diente o quizá esté resfriado. Como él no puede decir qué le pasa, los padres tendran qué descartar otras posibles explicaciones (como irregularidad o sentido del gusto demasiado sensible) antes de llegar a la conclusión de que su comportamiento es una manifestación temperamental.

• El comportamiento difícil del niño puede relacionarse con una alergia: si no parece tolerar ciertos alimentos (especialmente la leche); si la nariz se le congestiona; si presenta brotes, especialmente en la cara y detrás de las orejas; o si tiene vómito y diarrea, habrá que consultar con el pediatra, pues puede tener una alergia. Las dificultades temperamentales y la alergia pueden ser simultáneas.

• Por último, si el niño es sumamente irritable, si no se ciñe a ningún horario, si llora constantemente y *si no progresa normalmente en el desarrollo y el aumento de peso*, entonces podría tener algo serio. Tal vez no se trate de un caso temperamental sino de un problema más grave que exija atención médica apropiada.

EL PERFIL TEMPERAMENTAL DEL BEBE

Los padres de niños hasta de 12 meses de edad podían beneficiarse con un período de estudio realizado de acuerdo con las pautas que se dan en el capítulo 6.

Empiece desde ahora a relacionar el comportamiento de su bebé con posibles características temperamentales cada vez que pueda.

Pero supongamos que su pediatra le asegura que el niño es sano y normal. ¿Cómo identificar las características temperamentales difíciles en un chiquillo de esa edad?

Las características más frecuentes en el primer año de vida son la irregularidad en los ritmos, el alto nivel de actividad, el ánimo negativo, la alta intensidad y el bajo umbral de sensibilidad. Les siguen las características de rechazo inicial y poca adaptabilidad. La distracción no se manifiesta a tan temprana edad.

He aquí cómo se manifiestan estas características:

Características difíciles en el bebé

Alto nivel de actividad
Pudo haber pateado mucho en el útero. Inquieto en la cuna; se quita las frazadas. Se retuerce mucho, lo que hace difícil bañarlo y vestirlo. En general, puede ser muy despierto y tener desarrollo motor temprano. Es necesario vigilarlo para evitar accidentes.

Poca adaptabilidad
No le gustan los cambios de horario o rutina; protesta gritando, llorando o agitándose. Incluso después de la respuesta inicial, se demora para adaptarse a personas o situaciones nuevas.

Rechazo inicial
Escupe los alimentos nuevos, sean sólidos o líquidos. Protesta ante una nueva experiencia, v.g. el baño, un coche nuevo, un juguete diferente, una persona extraña.

Alta intensidad
Llora a voz en cuello; grita. Demuestra alegría dando gritos agudos.

Irregularidad
Funciones biológicas imprevisibles. Difícil fijarle un horario de sueño y de comidas; puede despertarse mucho durante la noche. Los movimientos intestinales pueden ser irregulares. Parece carecer de "reloj biológico".

Umbral de sensibilidad bajo
Fácilmente se sobreexcita o se sobresalta; puede sobrerreaccionar ante la luz, el ruido, el ser tocado o sentir la ropa, o el sabor de las comidas. Muy sensible al pañal sucio o mojado.

Animo negativo
Por lo general es exigente y caprichoso. No es un "bebé feliz". Gime, llora.

Su bebé

	MUY DIFICIL	MEDIANAMENTE DIFICIL	LIGERAMENTE DIFICIL
Nivel de actividad	☐	☐	☐
Adaptabilidad	☐	☐	☐
Acercamiento/Rechazo	☐	☐	☐
Intensidad	☐	☐	☐
Regularidad	☐	☐	☐
Umbral de sensibilidad	☐	☐	☐
Estado de ánimo	☐	☐	☐

COMO MANEJAR A SU BEBE

El solo hecho de comprender lo que le sucede al pequeño ayuda a aliviar el sentimiento de culpa y ansiedad. Pero también hay algunas técnicas para manejar al bebé de modo que se reduzcan algunos de los problemas. A continuación damos algunas pautas que los padres podrán adaptar a su propio caso.

Irregularidad: el bebé impredecible

La mayoría de los niños tienen un reloj interno que empieza a accionarse a las seis u ocho semanas de edad; el niño irregular no lo tiene. Por tanto, *los padres* tienen que ser ese reloj. Deben tratar, en la medida de lo posible, de crear rutinas para las comidas y el sueño. Aunque el niño no se ciña al horario, hay que persistir con suavidad, durante cinco a diez minutos en cada ocasión.

¿Cómo se establece el horario? Primero, hay que evitar los dos extremos. Si se le deja que coma o duerma cuando él buenamente quiera, los padres quedarán tan desorientados con la irregularidad del niño que pronto no sabrán si van o vienen. Si, por el contrario, pretenden imponer un horario estricto como el que aplicaban las abuelas, aumentarán la angustia del niño y la propia. La actitud tiene que ser moderada.

Durante el día: Con esto en mente, se trata de planear un horario que se acerque lo más posible a *cualquier* ciclo que el niño manifieste. Para obtener pistas, se aconseja hacer una gráfica o apuntar a qué horas durmió y comió el niño durante una semana. Aunque apenas se vislumbre una pequeñísima regularidad, hay que aprovecharla. Digamos, por ejemplo, que el niño siempre se despierta con hambre aunque durante el resto del día sea un caos total en cuanto a alimentación. Esto es como encontrar una veta de oro en una mina. Es algo predecible. El horario se estructurará alrededor de este hallazgo.

O quizás usted desee que el niño haga una siesta "periódica" en el día, pero él se despierta a diferente hora cada mañana. Puede comenzar por despertarlo a las 7 de la mañana todos los días, para empezar a establecer un horario, y acostarlo para la siesta a las 11 de la mañana. Hay que planear un horario y ceñirse a él. Por supuesto, usted no debe descentenderse de su bebé si está chillando en la cuna. Pero tampoco debe correr a atenderlo si llora entre las comidas o a la hora de la siesta. Hay que darle la oportunidad de acomodarse solo.

En la práctica, esto podría funcionar así: Supongamos que usted considera que las horas adecuadas de alimentar al niño son: 9 de la mañana, 12 del día, 4 de la tarde, etc. En cada ocasión, debe persistir con suavidad, y tratar de alimentarlo durante un lapso de cinco a diez minutos, aunque el niño no demuestre interés. (Usted sentirá más confianza si su pediatra le confirma de antemano el horario.) A las 9 de la mañana el niño rehúsa comer, protesta durante diez minutos, y usted desiste. Pero a las 10 de la mañana está dando alaridos de hambre. ¿Qué hacer?

¿Aguantar hasta las 12 o alimentarlo? La respuesta es alimentarlo a las 10 y 30, pero dándole la menor cantidad posible, apenas un pequeño refrigerio para que pueda esperar hasta el medio día. Los padres deberán juzgar qué cantidad basta para apaciguarlo un rato.

Durante la noche: La irregularidad en el sueño es mucho más dificil de tratar que la irregularidad en las comidas. Si el niño no duerme bien por la noche, quizás habrá que reducir las siestas. Trate de que el niño se canse un poco. Algunos pediatras recomiendan no dejarlo dormir durante más de tres o cuatro horas seguidas en el día. Es un buen consejo para cualquier bebé, sobre todo si se trata de un bebé irregular.

Las siguientes sugerencias también pueden resultar útiles:

• No hay que reforzar la vigilia del niño cuando se despierta en la noche. Si usted entra en su habitación, entre de la misma manera cada vez. La luz debe seguir apagada o tenue. Revise que nada ande mal, acomode al niño en su cuna con tranquilidad y resolución, y luego sálgase. En general, no es aconsejable levantar a un niño de esta clase, pasearlo, traerlo a la habitación paterna, hablarle o jugar con él. La primera prioridad es que se acomode para dormir.

• A veces usted tiene que ser práctica. Si no logra acomodarlo, y si sus chillidos continúan incesantemente, debe usted buscar una manera de tranquilizarlo. Puede ser alimentándolo, alzándolo, paseándolo, meciéndolo, etc. Conviene ensayar varios métodos para ver cuál da los mejores resultados. Luego *siga usted el mismo método*; y si es preciso sacar el niño de la cuna para calmarlo, haga siempre lo mismo durante el mismo tiempo, aproximadamente.

• Si el niño pasa la noche en vela durante el primer año, habrá que diseñar un plan para manejar la situación. El padre y la madre podrían alternarse: uno se desvelaría una o dos noches mientras el otro duerme, o bien se podrían dividir la noche en dos "turnos".

• *Ustedes* deben invariablemente encargarse de cumplir un horario con su niño irregular, en lugar de ajustarse a la irregularidad de él. Sean ustedes regulares, y nunca dejen que la irregularidad del niño se convierta en una respuesta caótica de la familia.

Si ustedes han intentado estos métodos y el niño sigue sin adaptarse a un horario, y piensan que les gustaría poder dormir durante cinco horas y no apenas durante dos, podrían consultar con el pediatra acerca de la conveniencia de darle al niño un sedante suave. Los médicos suelen recetar remedios tales como Benadryl o Fenergán para problemas de sueño, aunque también pueden ser útiles durante el día para los niños difíciles e irregulares que carecen de reloj interno. Administrados en dosis fraccionadas varias veces al día, pueden servir de calmantes y allanar el comportamiento del niño en la medida necesaria para establecer algún horario — momento en el cual puede descontinuarse el medicamento.

Alta intensidad: el bebé ruidoso

No se puede corregir esta propensión innata a llorar a voz en cuello. He aquí algunas sugerencias (y aquí ustedes deben ser muy prácticos): Colgar frazadas o cobertores en las paredes de la alcoba del bebé para que absorban el ruido; alfombrar la alcoba con el mismo fin; comprar una máquina de "ruido blanco" para la alcoba de ustedes; y taponarse los oídos. Nada de esto impedirá que oigan el llanto del niño — pero no lo oirán tan fuerte.

Animo negativo: el bebé "desdichado"

Hay bebés que sonríen, balbucean y se muestran alegres; el de ustedes, no. Por el contrario, suele estar molesto. Es difícil para ustedes conservar la confianza, el gusto y el orgullo que deben sentir con su hijo. Aunque no puedan cambiar el ánimo del niño, pueden emplear la técnica de rotulación. El rótulo dice: "Este es mi bebé malhumorado, y así es él. Esto no significa necesariamente que sea "desdichado". Si el pediatra dice que no tiene ningún mal, deben ustedes comprender que su estado anímico no es el reflejo de un verdadero problema sino el reflejo de su manera de ser. El llanto disminuirá a medida que desarrolle otros medios de expresión.

Umbral bajo: el bebé "sensible"

Si el bebé tiene un bajo umbral de sensibilidad, es posible que llore cuando ustedes accionen el móvil musical que hay sobre su cuna, que se asuste al oír cerrar una puerta, que "no le guste" que lo alcen, que manifieste rechazo cuando se acercan a él de repente y le hacen ruidos graciosos. Este es un bebé "nervioso". La manera de manejarlo es *reduciendo la estimulación* que lo rodea. La alcoba no debe estar decorada con colores fuertes ni diseños complicados. No debe haber móviles complicados y activos sobre su cuna ni juguetes dentro de ésta. Tampoco debe haber luces brillantes cerca de él. Todas estas cosas, que pueden fascinar a otros bebés, son demasiado estimulantes para el bebé sensible. Si el vecindario es muy ruidoso, tal vez convendría comprar una máquina de "ruido blanco". También puede alfombrarse o acolcharse la alcoba. Si las luces de afuera le obstaculizan la siesta, se pueden colgar cortinas oscuras en las ventanas. Mecer a estos niños no suele calmarlos porque no les gusta estar alzados y porque el movimiento los excita. Hay que rodearlos de un ambiente muy tranquilizador en que todo se simplifique.

Otros consejos para el bebé sensible son:

• No jugar con él antes de acostarlo, sino hacer cosas tranquilas. Si el baño lo serena, ésa puede ser su última actividad antes de dormirse.

• Ensayar diversas cosas para ver qué lo calma (v.g. canturrearle suavemente, poner un radio con volumen moderado, una cajita de música); luego persistir en una rutina con estas cosas tanto a la hora de la siesta como por la noche.

• Escoger los juguetes con cuidado, pues algunos pueden ser demasiado excitantes. Buscarle juguetes de texturas, colores y sonidos suaves.

Los niños de bajo umbral sensorial también pueden ser sensibles a la ropa. Si parece que su bebé se siente mal con la ropa, consideren la posibilidad de dejar que pase gran parte de su primer año vestido apenas con un pañal y una camiseta interior. También se aconsejan los talegos de dormir abiertos en los pies y la ropa de fibras naturales como el algodón, que son más suaves al tacto que las sintéticas.

Si el niño es altamente sensible a los sabores, habrá que determinar cuidadosamente "qué le gusta". Un mismo alimento varía según las marcas. Cuando comiencen a darle sólidos, ensayen darle una cucharadita de determinada marca una vez, y luego de otras marcas una vez. Los alimentos para bebé se producen con una gran variedad de sabores y consistencia, y quizá ustedes tengan que botar muchos recipientes casi llenos antes de encontrar una marca que le guste al niño. Si la madre prepara los alimentos del niño, se podrá sentir sumamente frustrada si su niño los rechaza.

El niño también puede ser sensible a la temperatura de los alimentos y los líquidos. Si rechaza el biberón, puede ser por este motivo. Trate de ensayarlo más frío y más caliente, y cuando descubra la temperatura adecuada, trate de que sea igual siempre. El niño que grita al bañarlo puede ser sensible a la temperatura o a la sensación del agua.

El bebé muy activo

La cuna de este bebé necesita buenos protectores y barandas altas, pues él intentará salirse a temprana edad. Es activo durante el sueño y suele destaparse y moverse por toda la cuna. Si hace frío y es difícil mantener al niño cubierto, habrá que ponerle piyamas enterizas que le tapen los pies también (las hay delgadas y gruesas). Es preciso vigilarlo muy bien al vestirlo, al bañarlo o al ponerlo en la cama.

Una nota respecto de la lactancia: Yo no sé si la lactación natural sirva para tranquilizar al niño de temperamento difícil. No creo que este aspecto se haya estudiado sistemáticamente. Pero si la madre quiere amamantarlo, debe comprender que la experiencia es menos satisfactoria con este tipo de niño. Los bebés muy activos, los irregulares y los de bajo umbral resultan especialmente difíciles de alimentar mediante la lactancia. Usted debe tener presente que el niño *no* la está rechazando a usted.

El bebé con rechazo inicial, con baja adaptabilidad, o con ambas cosas

Aunque este niño rechaza muchos de los nuevos alimentos, esto no significa que necesariamente le seguirán disgustando. Preséntenle gradualmente los nuevos alimentos, y traten de darle la comida o el líquido varias veces antes de darse por vencidos. Con el tiempo verán si se trata de una tendencia al rechazo inicial o de un bajo umbral para los sabores.

Lo mismo se puede decir respecto de otras experiencias. Si le compran un nuevo animal de peluche, dejen que lo mire de lejos varias veces antes de intentar colocarlo en la cuna o ponérselo en los brazos. Tengan presente que el biberón decorado con una alegre figura infantil y que piensan que le gustaría, puede originar una pataleta. Pronto los padres se darán cuenta de la clase de experiencias nuevas que pueden perturbar al niño.

La mayoría de los niños manifiestan el llamado "miedo a los extraños" a partir de los ocho o nueve meses de edad, pero en estos niños el fenómeno empieza antes y dura más tiempo. Los padres deben pedirles a los amigos y parientes que no se acerquen al niño repentinamente y que no traten de alzarlo de inmediato, como hacen tantos. El niño puede reaccionar con ansiedad ante una persona conocida si ésta ha cambiado de aspecto, v.g. quitándose el bigote o poniéndose anteojos.

En términos generales, el bebé poco adaptable necesita más rutina, y si el niño es sumamente difícil, aun los detalles de alzarlo, consolarlo, sacarle los gases y acostarlo deben ceñirse a una rutina.

Si los padres comprenden el temperamento de su bebé difícil y sobre ello basan su manejo, podrán darle un fundamento para el futuro. Desde el principio estarán diseñando un manejo adaptado a su personalidad individual. Aunque el niño puede resultar agotador, hay que estar siempre atentos a las manifestaciones de su temperamento. A esta edad es muy importante que los padres tengan una relación franca y sincera con el pediatra. Este puede ayudarles a resolver muchos problemas cotidianos, pero no hay que olvidar mencionarle el aspecto del temperamento.

Ante todo, los padres no deben tomar el comportamiento infantil como algo personal contra ellos. No significa que sean malos padres. Adoptando una actitud más neutral pero cariñosa, impedirán que surja el círculo vicioso, y no puede haber nada más importante que esto para ellos, para el niño y para el resto de la familia.

11

LA REEDIFICACION:
Orientación familiar
y grupos de apoyo

Al describir el Programa del Niño Difícil hasta este momento, me he concentrado primordialmente en la reacción de ustedes ante su niño. Ahora ustedes ya son expertos en el temperamento de su hijo, se están esforzando por restablecer la autoridad paterna, y están aprendiendo a predecir y a manejar el comportamiento relacionado con el temperamento de su niño. Es muy probable que éste se esté volviendo más dócil y que los efectos del círculo vicioso empiecen a disminuir.

Ahora bien, el cambio que se ha operado en la relación de ustedes con su hijo, va acompañado de otros cambios. Recuerden el "efecto de ondas": cómo se iba extendiendo el impacto creado por el problema de comportamiento de su hijo desde la madre hasta el resto de la familia, y cómo afectaba al mundo entero del niño difícil. Ahora pueden ustedes esperar que haya un efecto de ondas diferente, iniciado por la mejoría del niño. Es una época de reajustes para toda la familia, y es un momento en que los padres deben prestarles atención a ciertos elementos clave en el medio que ayudarán a reforzar y afirmar el progreso continuo del niño. En este capítulo trataré algunas maneras importantes de fomentar el efecto de ondas p*ositivas*.

Pero antes, una palabra acerca de las expectativas de ustedes: No se alarmen si después de cierto período inicial de progreso con el programa, su niño experimenta una regresión hacia algunos problemas de comportamiento, o si de vez en cuando vuelven a surgir algunos efectos secundarios. Todo niño al progresar tiene épocas de grandes adelantos seguidas de regresiones, consolidación y más adelantos; esto es especialmente cierto en el caso del niño difícil. Ello suele desconcertar a los padres, que se lamentan diciendo: "Pero todo iba tan bien..."

Traten de mirar los altibajos del progreso de su hijo con la misma objetividad con que ven las etapas de rápido crecimiento físico seguidas de otras en que éste parece estancarse. Incluso los niños dóciles sufren "resbalones" cuando hay momentos de cambio o de tensión. (Más adelante haré unas sugerencias sobre maneras de manejar esta situación.) Con el niño difícil estos resbalones ocurren por motivos menos obvios, e incluso paradójicos. Quizás el niño se dio cuenta de alguna de las técnicas y sigue bien por un tiempo, pero luego sufre una regresión. O un cambio positivo grande y hasta sorprendente puede estar *precedido* de una etapa de aparente estanca-miento. Tengan fe en su hijo y en ustedes. Están aprendiendo y progresando conjuntamente.

También deben estar preparados para los adelantos disparejos en distintas áreas. La profesora del jardín infantil les envía una nota para decirles que el niño se está comportando mucho mejor, y ese mismo día ustedes se dan cuenta de que les arma pelea a sus hermanitos todos los días al salir de la escuela. O quizá la niña ha dominado ya las rutinas matinal y vespertina, pero ahora insiste en ponerse únicamente la ropa que ella misma escoja, aunque sean combinaciones extrañas. Ustedes deben ser flexibles y adaptarse constantemente al niño.

Para que puedan tener una visión más amplia del desarrollo de su niño, les sugiero que después de cierto número de meses revisen el perfil de comportamiento que prepararon durante un período de estudio de diez días. Es muy fácil que olviden el punto en que comenzaron. Los más seguro es que se sientan estimulados por lo bien que se presenta el cuadro general, aunque aún haya problemas día tras día.

También suelo advertirles a los padres contra una tendencia común: el deseo de hacer que "el niño se sienta mejor". Nos preocupa tanto la imagen que el niño tenga de sí mismo, que exageramos alabando constantemente lo maravilloso que es por cualquier nimiedad que realice. Estos "comerciales para crear imagen" logran muy poco, e incluso pueden ser contraproducentes, pues le crean al niño presiones y expectativas que él no puede cumplir y que, realmente, le pueden crear una conducta regresiva. Por mucho que les encanten a ustedes los signos de progreso, absténganse de celebrar efusivamente cualquier progreso baladí. Por supuesto, deben reconocer que él está mejorando y hacerle saber que esto les complace a ustedes. Pero no armen una celebración descomunal porque el informe de la escuela ha mejorado un poquito o porque el niño no causó problemas durante la última visita en casa de la abuela. La mejor "recompensa" para un niño es sentir la aprobación constante y la actitud benigna de sus padres.

FORTALECIMIENTO DE LA FAMILIA

A medida que se ponga en práctica el programa y conforme disminuya la relación negativa de ustedes con el niño, irán ocurriendo también otros reajustes en el seno de la familia. Cuando el programa funciona con éxito, realmente les deja a ustedes algún tiempo libre.

Los hermanos

Como ustedes saben, los hermanos suelen idear su propia manera de manejar al niño difícil. Tal vez se conduelan de él, tal vez se sientan abandonados. Quizá se porten "demasiado bien", a la manera de un adulto, o quizá se porten mal para atraer la atención.

Los hermanos menores que se han portado mal,

generalmente vuelven pronto a la normalidad. Simplemente necesitan un poco más de atención y un trato más constante, de acuerdo con los principios de autoridad paterna que ustedes ya aprendieron.

El hermano mayor puede necesitar más cuidado. Reconózcanle desde el comienzo que la situación ha sido difícil para él, y explíquenle por qué. Indíquenle que el niño difícil tiene una "estructura" diferente y que es difícil de manejar. Aclárenle que esto les exige a los padres trabajar con más ahínco y gastar más tiempo, y por ese motivo ustedes le han prestado más atención al otro niño. Pueden añadir: "Nos hemos excedido, pero ahora las cosas van a cambiar. Estamos leyendo un libro y hemos aprendido muchas cosas". Conviene que le digan algunas de las técnicas que se aplicarán, como el reloj para cambiar de actividad y el sistema de estrellas, y que le expliquen las cosas nuevas y diferentes que van a hacer ahora.

Muchos padres preguntan: "¿Cómo le explico a mi otro niño los sistemas y las rutinas que no tienen que ver con él y que implican regalos, calcomanías y otras cosas agradables?" Díganle al otro niño que estos métodos se están empleando para ayudarle al niño difícil a cambiar su comportamiento, y que no se trata de favoritismo. Comiencen a planear cosas especiales para el hermano, como por ejemplo, llevarlo a un cine o a cenar en un restaurante, o llevarlo a un partido de fútbol.

No olviden explicarle también que ustedes no están dejando que el niño difícil "se salga con la suya" injustamente — v.g. cuando no lo obligan a comer con los demás — sino que esto es *parte de un plan* para mejorar su comportamiento y beneficiar a toda la familia. Cuando los sistemas empiecen a producir resultados, o si ustedes efectúan cambios, mantengan informado al otro niño (obviamente, el alcance de la información que ustedes compartan con el niño depende de la edad de éste).

Los hermanos excesivamente buenos requieren atención especial. El "niño perfecto", que ha sido para ustedes un gran alivio, tiene que verse librado de su posición de santo de la familia. Si está demasiado imbuido de este papel, podrá tener problemas después. Por tanto, una vez allanadas las cosas con el niño difícil y habiendo establecido los nuevos sistemas y rutinas, háblenle directamente al otro niño acerca de la forma en que él se ha sentido: "Yo sé que has estado muy preocupado y que te has esforzado mucho por comportarte bien, pero ya puedes descansar de esto un poco". Anímenlo para que exprese sus sentimientos. Y cuando empiece a rebelarse o a portarse mal de vez en cuando, como cualquier niño, no se inquieten, aunque exagere un poquito la nota.

Un punto interesante: *Todo* niño tiene su temperamento. Todos son individuos por derecho propio, y cualquier niño, incluso el básicamente dócil, puede presentar una o dos características temperamentales difíciles. Así que ustedes encontrarán que no solamente los principios de autoridad paterna sino también la pericia que ustedes han adquirido sobre el temperamento les ayudarán a manejar mejor su otro niño y a respetar la individualidad de él.

Tiempo para los padres

Y acerca de los esposos ¿qué? Este es el momento de que ustedes le pongan atención a sus relaciones matrimoniales y a sus propias necesidades, especialmente si las tensiones de los últimos años se han hecho sentir en su vida matrimonial. Programen más tiempo a solas. Consigan una buena niñera y preséntensela al niño poco a poco. Empiecen a salir nuevamente; inviten amigos a su casa. Escápense un fin de semana solos. Preparen al niño cuando van a salir pero no prolonguen mucho la despedida. Los padres de niños difíciles suelen descuidar sus propias necesidades, y esto no es conveniente ni para ellos ni para el niño. Empiecen, pues, a ocuparse más de ustedes mismos.

La madre, especialmente, necesita ampliar sus horizontes. Podría tomar un curso, dedicarse a un pasatiempo, verse más con las amigas, visitar un museo, ir al cine o quizá buscar un empleo. Cuando salga sola no debe dedicar todo su tiempo a hacer cosas para su hijo o para el resto de la familia. Debe hacer cosas *para ella misma*.

Ustedes podrían pensar en organizar más salidas familiares en el fin de semana. Hay lugares donde un niño ruidoso o activo no molesta a los demás, por ejemplo los parques, las playas o los zoológicos.

En términos generales, hay que empezar a cambiar las presiones de la vida por algo más que "paz y tranquilidad": con actividades en que los esposos disfruten el uno del otro, disfruten de su hijo difícil, y también de los demás hijos. El ambiente familiar empieza a mejorar cuando todos aprenden a divertirse juntos.

La televisión

Conforme vieron ustedes en algunas de las viñetas, la "niñera electrónica" puede ser un instrumento invaluable para el manejo de un niño difícil. Al comienzo del Programa I les recomiendo a los padres que depongan sus criterios acerca del uso de la televisión para niños y que simplemente la aprovechen como un instrumento para mejorar su manejo del pequeño. A veces la TV es lo único que logra tranquilizar a un niño que se está desenfrenando. También puede ser el único medio que le deje a la madre un rato libre. En estas condiciones, es perfectamente aceptable utilizar la televisión. Ahora bien, el uso excesivo y continuo de la TV puede ser difícil de corregir. Por tanto, a medida que el niño se vuelva más manejable ustedes pueden empezar a limitar el tiempo que pase él frente a la pantalla. Pero no se sientan culpables por las sesiones planeadas de programas favoritos. Y, de todos modos, reserven un tiempo para televisión como parte de una rutina matinal o vespertina, si encaja bien en el sistema de los valores familiares.

Los abuelos

¿Hasta qué punto deben participar los abuelos en el programa para el niño? Esto depende de dos factores: su flexibilidad y su comprensión, y asimismo de la calidad de sus relaciones con los padres del niño.

Si las relaciones son buenas y los abuelos están dispuestos a colaborar, discutan con ellos las nuevas técnicas de manejo; centren la atención en el temperamento de su niño, y eduquen a los abuelos para que haya coherencia en el manejo del niño cuando esté con ellos.

Sin embargo, si los abuelos tienen ideas estrictas o rígidas acerca de la crianza, ustedes, como padres, deben preguntarse cómo responde el niño a ellos. Si éste acepta la rigidez y si la rigidez se expresa dentro del marco de una relación cariñosa, no hay que interferir sino dejar las cosas así. Ustedes simplemente se limitarán a pedirles a los abuelos que no los critiquen ni los desautoricen delante del niño.

Si los abuelos no pueden aceptar el programa, tal vez sea necesario limitar el contacto con ellos mientras se pone la propia familia en orden. De lo contrario, las críticas que ellos les hagan a ustedes serán contraproducentes para el niño, y en tal caso sería más conveniente reanudar las relaciones estrechas con ellos cuando la situación en casa haya mejorado.

COMO MANEJAR LAS TENSIONES Y LOS CAMBIOS

Los niños difíciles son barómetros muy sensibles a los problemas, tensiones o cambios que ocurren en la familia; y cuando ocurren, pueden sufrir una regresión Es importante reconocer las situaciones, tanto positivas como negativas, que pueden causarle problemas al niño difícil. Entre ellas están:

- La Navidad u otras fiestas familiares importantes
- Las vacaciones escolares
- El campamento de verano
- Los viajes
- Un nuevo hermanito
- Los primeros días o semanas de colegio
- El cambio de colegio
- El cambio de residencia
- Desempleo de los padres o reveses económicos
- El regreso de la madre al trabajo

Y, desde luego, hay circunstancias que afectan a cualquier niño:

- Las enfermedades del niño
- El divorcio de los padres
- La enfermedad (física o emocional) en la familia
- La muerte de una persona que tenga contacto estrecho con el niño

En estos casos no traten de *iniciar* nuevas técnicas ni de aplicar con rigidez nuevas reglas. La rutina debe seguir siendo la más sencilla y conocida. Sin embargo, si su niño sufre una regresión, pueden ustedes libremente *regresar* a determinados sistemas o técnicas.

Por ejemplo, una niña de cinco años que está cumpliendo bien sus rutinas matinal y vespertina sin ayuda del sistema de estrellas, sufre súbitamente una regresión a sus sistemas desorganizados y difíciles. Los padres quedan confundidos; pero al preguntarse qué ha sucedido últimamente en la familia, caen en la cuenta de que su hija está reaccionando a los cambios y conflictos de ellos. El padre ha cambiado de empleo contra la voluntad de la esposa, y han tenido discusiones al respecto, aunque generalmente no en presencia de la niña. Además, ella no entendería los puntos que discuten. Pero lo cierto es que ella ha captado la tensión reinante. Cuando los esposos se dan cuenta, pueden explicarle a la niña en términos sencillos lo que está sucediendo, y pueden reimplantar el sistema de las estrellas hasta que las relaciones se hayan suavizado. Algunos niños difíciles son más sensibles que otros a las relaciones matrimoniales de sus padres y a los cambios que ocurren en el medio.

Los sucesos positivos, v.g. la Navidad o unas vacaciones, deben planearse y comentarse con mucha anticipación. El niño puede reaccionar a los cambios y emociones. Traten de ceñirse al máximo a las rutinas establecidas. Reimplanten algunas de las técnicas de manejo, v.g. el reloj para los cambios de actividad. Preparen cuidadosamente a su niño para las situaciones nuevas. Familiarícenlo con el programa del viaje que hayan proyectado.

Cuando el niño difícil sufre una regresión temporal, esto suele manifestarse con temor y apego, insomnio o mal comportamiento. Traten de no inquietarse mucho, y de mantener una actitud amable y comprensiva. Si le proporcionan al niño una base firme en esos momentos difíciles, lo más probable es que salga adelante al poco tiempo.

El divorcio y un nuevo matrimonio

En nuestra sociedad occidental son comunes nuevas estructuras familiares; por ejemplo, el hogar de madre soltera, de padrastro, de madrastra y de hermanastros. Mucho se ha escrito acerca de las tensiones causadas por el divorcio y cómo aliviarlas. Quiero agregar únicamente que es preciso tener en cuenta el *temperamento* del niño. La clave con los niños difíciles es la *coherencia*. Si todos los adultos que son importantes para el niño lo tratan más o menos de la misma manera, siguiendo los principios y las técnicas que ustedes ya aprendieron, le irá bien a él. Esto puede ser difícil para algunas parejas divorciadas, porque implica la necesidad de comunicación racional en un ambiente que está altamente cargado de tensión. Les encarezco a ustedes que traten de separar de su relación con el niño los sentimientos hacia su ex cónyuge.

Si el pequeño visita a su padre para pernoctar o para pasar el fin de semana, el padre debe tratar de conservar las rutinas familiares, por lo menos hasta cierto punto.

Si usted es padre o madre célibe, usted ha puesto en práctica el programa con algunas modificaciones obvias. Unicamente hay que recalcar que si usted es una madre que trabaja, debe tener especial cuidado al decidir con quién deja a su hijo.

Si ha habido nuevas nupcias, el padrastro debe participar en el programa, y los hermanastros deben enterarse del temperamento difícil del niño.

Un comentario final: Un niño difícil, como ustedes saben, crea tensiones en un matrimonio. Sin embargo, es muy raro encontrar un caso en que el niño difícil haya sido el *único* motivo de la separación. Por tanto, no hay razón para enojarse con el niño y mucho menos para darle a entender que él fue el culpable del divorcio.

ESCUELAS Y MAESTROS

El primer mundo del niño fuera del familiar es el mundo de la escuela, los maestros y los compañeros. Así como existe el acople padres/niño, también existe el acople escuela/niño. El mejor medio para él no es necesariamente la escuela reputada como "la mejor" del vecindario (aunque sí sea la mejor), sino la que más se ajuste a sus necesidades individuales y que mantenga una comunicación abierta con los padres.

Elección de la escuela y el curso

En algunas comunidades pequeñas, todos los niños asisten a la misma escuela elemental, y los padres no pueden escoger. Pero en ciudades más grandes sí es posible hacerlo. Toda opción disponible debe considerarse desde el punto de vista del niño y de su temperamento.

La escuela ideal para el niño muy activo es la que
tenga una edificación, pero también espacio para
correr y jugar libremente. Los padres pueden hacer
preguntas como las siguientes: ¿Qué parte del día
escolar se ciñe a un plan con un horario fijo? ¿Con
qué frecuencia pueden los niños salir y quemar energías? ¿Los niños participan en la elección de actividades, o se espera que todos hagan la misma cosa
al mismo tiempo? Un niño que tenga problemas con
los cambios necesita una escuela flexible que le dé
tiempo para adaptarse.

En términos generales, busquen una escuela sin
extremos y de ambiente acogedor. La actitud de los
padres al escoger la escuela es importante. Su niño
no es un chico problema, y no hay que rogarle a la
escuela que lo acepte. Es un individuo que merece la
mejor escuela posible. La actitud de ustedes al visitar
las diferentes escuelas debe ser la de que están eva-
luándolas, así como ellas evalúan a su hijo. Sean
sinceros al dar información sobre el niño, pero pregunten también cuál es la filosofía de la escuela.

Si les parece que ninguno de los centros preescolares que han visto es el apropiado para su hijo,
pueden escoger uno a manera de ensayo. Quizá funcione bien, y en esta edad no se habrá perdido gran
cosa si tienen que retirarlo.

Elegir el curso y la maestra generalmente les corresponde a las directivas de la escuela, pero los padres deben explicar lo que les parezca mejor para su
hijo. Sean francos aunque diplomáticos. Ustedes no
quieren que traten a su hijo como una cifra estadística

más, pero tampoco quieren que se convierta en el centro de atención. Si saben que una de las maestras es más flexible y condescendiente con los niños, pidan que ubiquen al niño en su curso. Algunos niños difíciles funcionan mejor en clases pequeñas, en las cuales se brinda alguna atención individual. Tengan siempre presente que ustedes buscan estas cosas no porque el niño sea "malo" ni "un problema" sino porque es un *individuo*, y ustedes desean asegurarse de que la escuela comprenda, respete y fomente esta individualidad.

Trato con los maestros

Algunos niños difíciles funcionan muy bien en la escuela; otros necesitan atención extra. Si su hijo tiene problemas, será necesario establecer una buena relación con los maestros, una relación que permita el intercambio de información y de sugerencias.

Sean diplomáticos, pero indíquenle a la maestra algunos de los hechos y de las técnicas que están aplicando en casa. Recuerden que los expertos son ustedes. Destaquen los puntos fuertes del niño, lo mismo que sus áreas problemáticas. La mayoría de los maestros agradecen tal información. Empero, tengan cuidado con los maestros cuya actitud sea: "¿Usted qué sabe?" o: "No me venga a enseñar a mí".

Si durante el año escolar ustedes reciben muchas quejas por el comportamiento del chiquillo, o si la maestra los llama repetidas veces para hablar con ustedes, entonces algo anda mal. ¡No den por sentado que es culpa del niño! La maestra debe estar capacitada para afrontar la mayoría de las situaciones sin notificar a los padres. Si no es así, la falla puede estar no solamente en el niño sino también en la maestra o en la composición de la clase.

He visto muchas situaciones en que niños perfectamente normales aunque difíciles fueron señalados como niños problema o incluso como niños con trastornos emocionales, cuando en realidad lo que sucedía era que estaban en un colegio inapropiado o tenían una maestra inapropiada.

Rechazo al colegio

Muchos pequeños son renuentes a separarse de su madre para ir a la escuela. El niño difícil puede tener más dificultad debido a su propensión al rechazo inicial y a que es más tímido. La primera semana puede ser más penosa por estas dos razones. Si la madre también está angustiada, la situación empeora, y puede presentarse un verdadero rechazo a la escuela. La fobia escolar (así se llama en su forma más intensa) se debe más al problema que tiene el niño para separarse que a factores de la escuela misma. En tales casos, la madre suele estar interviniendo mucho. Puede proteger demasiado al niño y abrigar temores respecto de la escuela.

¿Qué pueden hacer ustedes?

Si el niño es preescolar, la madre puede quedarse en la escuela un tiempo y procurar una separación gradual siguiendo el ritmo de la integración del niño en su nuevo medio. Las maestras ayudarán a evaluar su progreso en este sentido.

En la escuela elemental el rechazo suele presentarse en el jardín infantil y en el primer año de primaria. Aquí deben ustedes desarrollar la actitud interna de que *el lugar que le corresponde al niño es la escuela*. El niño tiene que ir, no hay alternativa, y tiene que dejarlo allí. La separación repentina es mucho mejor para el niño, pues de lo contrario tanto él como sus padres se verán cada vez más enredados. No hay que prolongar la despedida. Cuando el niño queda solo, suele estar bien. Si es sumamente apegado y teme demasiado la separación, ustedes pueden pedir que algún adulto de la escuela lo reciba, y después irse.

En algunos casos el niño se levanta por la mañana con dolor de cabeza o de estómago y dice que no puede ir a la escuela porque está enfermo. Aunque el dolor sea real, no se trata de una enfermedad física sino de una manifestación de ansiedad. Una buena manera de manejar la situación es decirle al niño que vaya a la escuela y que si allá sigue enfermo, consulte con la enfermera para que ella decida. Así la decisión no les corresponde a los padres, y el tema no es la separación.

Hay ciertas cosas que ustedes *no deben* hacer:

• No le den al niño "comerciales" sobre la escuela. No le hagan demasiada propaganda a la escuela:

"¡Qué divertido es el primer curso!" "¿Verdad que te encanta tu maestra?"

• No le hagan muchas preguntas. Si regresa a casa y ustedes le preguntan: "¿Cómo te fue?" y él responde lacónicamente: "Bien", dejen las cosas así. No insistan. No le pregunten una y otra vez si "se portó bien".

• No se preocupen por el comportamiento regresivo temporal. Aunque al niño le esté yendo bien en la escuela, podría sufrir una regresión temporal en el comportamiento en casa. Este es un período de consolidación para él. Bríndenle una base hogareña segura, y pronto estará bien.

Algunas cosas que ustedes *deben* hacer:

• Conserven la calma, sean amables, pero háganle entender que su lugar es la escuela.

• Si el niño es pequeño, léanle historias de animales valientes.

• Consíganle un "compañero valiente" (un animal de peluche) que le ayude a sentir menos miedo.

• O consíganle un animal de peluche "asustado" y ayúdenle a enseñarle al animalito a ser valiente.

LOS COMPAÑERITOS

Si el comportamiento desconcertante del niño dificulta la formación de amistades o los juegos con otros, el nuevo enfoque paterno debe ayudarle en esta área también. A medida que las cosas mejoren en casa y que él empiece a entender su propio comportamiento, le será más fácil avenirse con los demás. Ustedes no deben intervenir directamente ni tratar de "manejar" su vida social. Pero sí pueden planear algunas actividades con sus compañeros después de las horas de escuela. Al instruir al pequeño y hacerle comprender su propio temperamento, le están ayudando a dominarse en sus relaciones con los demás.

Recuerden que los niños difíciles son muy individualistas, y que la amistad suele ser asunto de gustos. No se preocupen si el niño sencillamente no quiere jugar con otros niños. Si la pequeña dice: "Mami, no quiero jugar con Elizabeth", consideren que es un asunto de preferencia personal y no de retraimiento social.

EL MEDICO DEL NIÑO

El pediatra ideal para un niño difícil es el que se interesa en lo que se llama "pediatría del comportamiento". Esto significa que conoce otros temas además de la salud física, y está dispuesto a hablar de ellos con los padres. Si es un médico de familia, puede estar particularmente sintonizado con los hechos del niño en la familia. Su médico también debe saber algo acerca del temperamento y de la conducta difícil relacionada con el temperamento. Debe actuar como guía y consejero, especialmente si el hijo difícil es un niño que todavía no camina o apenas está haciendo sus primeros "pinitos", y ustedes deben saber cuándo conviene remitirlo a otro profesional para ayuda adicional. Cuando se necesiten otros servicios, el pediatra o el médico de familia debe coordinarlos. Ahora bien, incluso con una buena orientación y con las mejores intenciones, el médico necesitará tiempo para hablar con los padres acerca del niño. Es muy importante establecer una buena comunicación con él. Si se cumple todo esto, ustedes son realmente afortunados.

Pero antes de pensar que no se ha cumplido todo y de empezar a buscar otro médico (suponiendo que ustedes estén en condiciones de escoger), deben preguntarse si, como expertos que son en materia del niño de temperamento difícil, pueden hacer algo para mejorar la relación médico-paciente. Muchos padres son renuentes a hablar del comportamiento de sus hijos. Pueden prejuzgar que el médico no conoce ni se interesa por cosas diferentes de las vacunas, los brotes y el dolor de garganta. O si se les ha dicho que su hijo es normal, pueden temer que el médico halle alguna culpa en ellos.

¡No hagan tales suposiciones!

Pidan una cita especial para hablar del comportamiento del niño. Determinen si el médico está dispuesto a ocuparse del temperamento o no. ¿Pueden ustedes ayudarle a ver que el niño es innatamente difícil? Tal vez puedan darle un consejo constructivo. ¿Es sensible el médico a los problemas que el niño le acarrea al resto de la familia? Unicamente después de hacer estos esfuerzos y si realmente han fracasado, deben ustedes considerar un cambio de pediatra.

LOS GRUPOS DE APOYO

Las madres y muchos padres que siguen el Programa del Niño Difícil, tanto en el Hospital Beth Israel como en mi consultorio privado, me han dicho una y otra vez que los grupos de apoyo fueron supremamente útiles en su experiencia.

"Me sentí totalmente sola hasta que vine al grupo", dicen las madres. "Pensé que nadie tenía que pasar por lo que pasábamos nosotros". "Dejé de sentirme como un ser raro". "Por fin encontré alguien que me comprendiera". Imagínense el alivio de estas madres cuando después de mucho tiempo otra madre asentía con la cabeza y decía: "Yo lo sé. Yo he pasado por lo mismo, y ya ven: ¡Sobreviví!"

Felizmente para nuestro programa, aquella madre es mi esposa Lucille. Aunque ella no es profesional y no tiene grados ni certificados especiales, sus credenciales como madre experimentada ayudan a convertir sus grupos de apoyo en uno de los elementos fundamentales del programa. Su comprensión depara el ambiente que les permite a los padres y a las madres compartir libremente sus experiencias con sus hijos difíciles, lo mismo que sus reacciones, sus éxitos y sus reveses. Lucille orienta las discusiones sin dirigirlas. Comparte sus propias experiencias con Jillian. Brinda consejos, y pronto los padres y las

madres empiezan a hacer lo mismo unos con otros.
No hay un curso o estudio especial. Los grupos de
apoyo son para *dar apoyo*.

Como muchos de nuestros lectores no viven en
las grandes urbes donde podría haber acceso a
ayuda profesional, el grupo de apoyo viene a ser
todavía más importante para ellos, pues les permite reunirse con otros padres que tienen problemas similares, y les da la oportunidad de compartir sus sentimientos, sus éxitos y sus fracasos. En
teoría, el grupo de apoyo puede constar de apenas
dos madres que tengan problemas similares en la
crianza de sus hijos; ellas se comunican por teléfono para hacer comentarios y darse aliento. En
la práctica, se puede formar un grupo de seis o
más parejas. Se procede de la siguiente manera:

Como no siempre cuentan con ayuda profesional,
los padres deben asegurarse, antes de comenzar, de
que conocen muy bien los principios de este libro.
Apliquen las técnicas del programa en su propio hogar
hasta que noten algún adelanto. Entonces sus palabras de consuelo y aliento serán una ayuda para los
miembros del futuro grupo de apoyo.

La mejor manera de encontrar otros padres de
niños difíciles es redactar un volante y pedirles a los
pediatras y a las guarderías infantiles que lo distri-
buyan o lo fijen en lugar visible. Se pueden utilizar
algunas de las preguntas tomadas del cuestionario
al comienzo de este libro. Pregunten si los padres
tienen dificultad para criar a sus hijos, dificultad para
que duerman, problemas de pataletas, de actividad

excesiva, etc. Después de plantear las preguntas, inviten a los padres a ponerse en contacto por teléfono o por correo. Si no quieren anunciar la dirección de su casa, pueden utilizar un apartado postal. Y hay que explicar, desde luego, que se trata de formar un grupo de apoyo para los padres de niños difíciles (normales pero difíciles de criar).

Este libro puede servir de base para las primeras deliberaciones del grupo. Incluso, se podría estudiar por capítulos semanales. Pero lo más importante es que el grupo se reúna para compartir el dolor y la dificultad de criar a estos niños, y para darse consejos y *soluciones*.

El grupo también puede ser un foro para divulgar información sobre médicos, escuelas, grupos de juego, niñeras y otros temas que los padres tengan en común. La mayoría de las madres (y muchos padres) dicen que la peor sensación que han tenido con sus hijos difíciles es la de aislamiento, la sensación de que son los *únicos* con esta pena. El apoyo de otros padres y el intercambio de información sobre las distintas soluciones constituyen los propósitos principales del grupo de apoyo.

Si el grupo decide realizar otras acciones en la comunidad, puede optar por invitar a algunas reuniones a maestros y profesionales especializados en niños. El intercambio de información siempre es aconsejable. Compartan con ellos algunas de las cosas que han aprendido acerca del temperamento y el comportamiento. (Esto hay que hacerlo diplomáticamente.) Los padres podrían decir: "Queremos ayudar a nuestros hijos en la medida de lo posible. Quisiéramos contarles lo que hemos aprendido y escuchar sus comentarios".

También es importante no ceñirse excesivamente a un programa que refleje solamente lo que hay en este libro. El tema del programa es cómo ser buenos padres, y los padres deben ir más allá de lo que hay en este libro, y adaptarlo al caso particular de su hijo y de su familia. Aunque se necesitan también ciertos conocimientos básicos (los que se presentan en estas páginas), los principios de la autoridad paterna y las técnicas mismas se pueden ajustar, ampliar y modificar de cualquier manera, y de acuerdo con las necesidades. Una vez que ustedes conozcan a los otros padres y se sientan libres para hablar abiertamente, no habrá límite para lo que quieran expresar. Por otra parte, en algunos casos el grupo puede depararles a ustedes amistades que puedan durar toda la vida.

Consejos para el funcionamiento de los grupos

• Para iniciar la primera sesión, la persona debe hacer la presentación de sí misma y decir algo acerca de su hijo, de su familia y de lo que siente; luego pedirles a los demás que hagan su presentación, uno por uno, y que digan algo sobre su situación, y lo que esperan derivar del grupo.

• Hay que reservar un tiempo al comienzo de cada sesión para que los padres y las madres hablen de lo que les está sucediendo *ahora*. Ellos suelen tener estas cosas muy presentes, y tal vez quieran hablar de ellas antes de pasar a tratar un tema o una técnica específica.

• El ambiente debe ser informal y tranquilo. Se puede ofrecer café y torta o una copita de vino antes de sentarse a hablar. No es preciso seguir reglas estrictas. Todo lo que un padre tenga que decir acerca de su hijo difícil suele ser importante para los demás.

• El director del grupo debe expresar sus sentimientos y conceptos acerca de su propia situación antes de pedir que lo hagan los demás. No siempre es fácil expresar los sentimientos, y al principio no todos estarán dispuestos a hablar muy libremente.

• Lo ideal es que las madres vayan con sus esposos, aunque podría hacerse una reunión o dos sin ellos. Siempre es importante hablar de los esfuerzos que hace la pareja por obrar de común acuerdo. Las madres de niños realmente difíciles suelen pensar que su esposo "no sabe *realmente* lo seria que es la situación".

• Podría hacerse una reunión de las madres con sus niñeras o con las personas que les ayudan en el hogar.

• Repartir los números telefónicos de todos los participantes y animarlos para que se llamen. Esta red de apoyo es muy eficaz, aun cuando se llame a la otra persona únicamente en busca de un poco de comprensión.

• Durante los primeros meses, las reuniones deben ser semanales; luego el grupo decidirá la frecuencia con que desee reunirse. Algunos prefieren un grupo de apoyo continuo, mientras que otros optan por mantenerse en contacto mediante reuniones cada dos o tres meses.

SI NECESITAN AYUDA ADICIONAL

Los padres que participan en el programa han derivado gran beneficio de los grupos de apoyo, pero algunos requieren ayuda profesional para problemas que siguen afectando a su familia. ¿Cómo saber cuándo se necesita ayuda profesional? ¿Y cómo evitar los conceptos erróneos acerca de los niños difíciles y de sus familias?

Ustedes deben pensar en ayuda profesional en las siguientes situaciones:

• Cuando el niño es especialmente difícil y la aplicación del programa produce resultados únicamente hasta cierto punto.

• Cuando el niño tiene cinco años o más y sigue con problemas aunque los padres lo estén manejando mucho mejor.

• Si persisten problemas en algún miembro de la familia, en la pareja o en la familia entera, incluso después de haber aplicado el programa con éxito.

• Cuando no se ha podido aplicar el programa

cabalmente por problemas individuales o familiares, en su mayoría ajenos al niño difícil.

Una vez que ustedes hayan tomado la decisión de buscar ayuda profesional, el primer paso debe ser una evaluación completa de la situación, hecha por un profesional idóneo en el campo de la salud mental. Tal persona ha de tener experiencia con niños y familias, y lo que es más importante, debe acoger el concepto del temperamento para que vea al niño no como una simple manifestación de un conflicto familiar o de las tensiones ambientales, sino como un individuo con ciertas características innatas que influyen en su comportamiento. Sin esta visión, el tratamiento profesional puede ayudar en algo, pero dejará de lado el punto medular: el *temperamento difícil del niño.*

- Por ejemplo, si el niño difícil es pequeño (preescolar) y los padres acuden a un terapeuta que piensa que los niños son motivados principalmente por impulsos inconscientes, esta suposición puede llevarlo a recomendar una psicoterapia individual prolongada para el niño. De acuerdo con mi experiencia, los preescolares difíciles rara vez se benefician de una terapia larga. Por el contrario, su comportamiento suele empeorar. La ayuda no debe basarse en el psicoanálisis del niño sino en la asesoría que se les brinda a los padres a fin de ayudarles a manejar el comportamiento infantil.
- Tal vez resulte que el profesional analiza los an-

tecedentes de la madre, los relaciona con su capacidad para criar hijos y recomienda un tratamiento para ella. La terapia para la madre o el padre puede ayudarle a afrontar ciertos asuntos personales, pero su trato con el niño seguirá basándose en la ignorancia.

• Tal vez el profesional tenga una orientación hacia la familia y mida el comportamiento infantil como un síntoma de patología familiar. Es posible que toda la familia, incluyendo los hermanos, terminen sometiéndose a la terapia. Esta terapia puede mejorar la capacidad general para adaptarse a ciertos hechos, v.g. la presencia de un niño difícil, o un matrimonio endeble, pero no les ayudará a los padres a manejar el problema temperamental de su hijo.

• Tal vez los padres consulten con un médico especialista que diagnostica "hiperactividad" (o algo similar), para lo cual recomienda medicamentos. Estos medicamentos sirven para reducir un nivel de actividad muy alto y mejorar la atención, pero jamás deben ser la forma única de tratamiento para ningún niño.

Reitero: Ningún tratamiento que pase por alto el punto esencial, el temperamento difícil, puede ser completamente eficaz.

Si es posible, conviene que consulten con un médico general, un profesional de la salud mental que domine más de una forma de terapia. Recuerden la posición de los padres: son los expertos en el temperamento de su niño. Hagan preguntas con diplomacia pero directas para averiguar el enfoque general del profesional y las metas que busca. Esto ayuda a fomentar una alianza positiva entre el terapeuta y la familia.

¿Cuándo necesita su niño terapia individual?

Si el niño es mayorcito (en edad de escuela elemental), el punto crítico es saber si sus "problemas emocionales" son manifestaciones secundarias que se aliviarán mejorando el manejo, o si el pequeño se halla tan afectado que necesita ayuda profesional.

Los síntomas como timidez, pesadillas, apego excesivo o irritabilidad suelen ser manifestaciones secundarias que disminuyen notoriamente con la aplicación del programa.

Pero conviene buscar terapia si los temores y el apego son persistentes o severos, si el niño rechaza la escuela, si hay comportamiento agresivo, tristeza o retraimiento en sus relaciones con los demás, o (lo que es más importante) si tiene problemas de imagen. La autoimagen será la vara de medir, aunque los demás síntomas hayan disminuido. Inicialmente, quizás el niño diga cosas como: "Yo soy malo" o "Yo me odio" como manifestación de efectos secundarios. Pero si él y la familia van mejorando en otras áreas y su problema de imagen persiste, puede ser señal de que necesita ayuda profesional.

La duración de la terapia depende de la severidad

y de la magnitud de los problemas. Una mala imagen de sí mismo, que es el problema más frecuente en los niños difíciles mayorcitos, suele mejorar con una terapia relativamente corta, no de años sino de meses, siempre y cuando que la situación familiar sea relativamente estable.

¿Cuándo necesitan ayuda extra los otros miembros de la familia?

En nuestra sociedad moderna llena de tensiones, el niño difícil puede llegar al seno de una familia perturbada. Puede haber problemas personales, matrimoniales o familiares independientes del temperamento del niño, y las interacciones negativas del círculo vicioso simplemente acentúan la carga para todos. En tal caso habría que buscar otros tipos de ayuda profesional, bien sea mientras se aplican los principios del Programa del Niño Difícil, o bien después de haberlos aplicado.

Si después de aplicar las técnicas de manejo el niño ha mejorado pero persisten conflictos serios entre los padres, o si éstos no pueden ponerse de acuerdo para aplicar las técnicas, es señal de que puede haber otros escollos matrimoniales que están obstaculizando el programa. Lo apropiado entonces podría ser una terapia de pareja.

Tal vez se necesite tratamiento individual si el padre o la madre sufre de alcoholismo, depresión u otros problemas personales. Tal persona puede entender intelectualmente las técnicas del programa pero ser incapaz de aplicarlas. O es posible que el padre o la madre siga sintiéndose mal aunque la mejoría del niño sea obvia.

Si hay más de una persona con problemas o si la familia en general no funciona bien, lo apropiado podría ser una terapia de familia.

Recuerden que la ayuda profesional no necesariamente implica grandes erogaciones de tiempo y dinero. Hoy el campo de la salud mental ofrece modalidades más cortas y eficaces para el individuo, la pareja o la familia.

Tengan presente también que ninguno de estos recursos reemplaza el buen manejo del niño difícil basado en una comprensión clara de su temperamento.

LOS NIÑOS "HIPERACTIVOS": ALGUNOS PUNTOS ESPECIALES

El capítulo 4 cubrió en detalle mis conceptos sobre la hiperactividad. En los casos en que este diagnóstico esté absolutamente justificado, puede ser aconsejable una ayuda especializada, con un coordinador, en caso de que se acuda a más de un profesional. El coordinador ideal sería el pediatra o el médico de la familia, aunque puede ser cualquier profesional experto que tenga una visión global de la situación.

Según el caso individual, las siguientes áreas pueden requerir ayuda además de la que brinda el Programa del Niño Difícil:

Problemas de aprendizaje: Por definición, no puede diagnosticarse una dificultad de aprendizaje en un preescolar. El diagnóstico exige distinguir claramente entre los resultados de pruebas de inteligencia y el trabajo escolar. Ahora bien, si un preescolar parece inteligente pero no demuestra ningún interés por ejemplo, en los números o en las letras, una prueba serviría para identificar una propensión a sufrir problemas de aprendizaje más tarde.

Si el niño es mayorcito y va mal en ciertas áreas académicas, unas pruebas psicológicas y una evaluación hecha por un buen especialista en dificultades de aprendizaje ayudará a definir el problema. Según la severidad del caso, el niño puede necesitar clases individuales, una sala de recursos, una clase especial dentro de la misma escuela, o una escuela para niños que tengan dificultades de aprendizaje.

Problemas de comportamiento: En caso de que el niño haya sido totalmente evaluado por un profesional médico competente y de actitud conservadora que diagnostica una verdadera hiperactividad (o para emplear un término más moderno, "un trastorno deficitario de atención con hiperactividad"), se podría justificar administrarle algún medicamento. Pero recuerden que el medicamento jamás será el *único* tratamiento. Sin embargo, puede ayudar a estabilizar una situación difícil en la casa o en la escuela, y cuando las cosas marchen bien se puede intentar suspenderlo. Por lo general, estos remedios (v.g. Ritalín, Cylert) han resultado eficaces, y no ofrecen ningún peligro para niños en edad escolar. En el caso del niño en edad preescolar, el medicamento debe considerarse solamente como último recurso, en caso de que hayan fallado los métodos de manejo del comportamiento.

Otros problemas: Es posible que el niño necesite *terapia de lenguaje.* Como regla general, el niño que no diga frases a los dos años de edad debe evaluarse. También debe pensarse en buscar ayuda si más tarde parece retrasado en su desarrollo lingüístico, si no parece comprender o expresarse bien, o si tiene problemas para hablar con claridad. La maestra o pediatra podrá ayudarles a los padres a decidir si conviene esperar un poco o proceder a consultar con un especialista.

A veces se busca el recurso de un *neurólogo pediátrico.* Desde el punto de vista práctico, su aporte no agrega mucho, salvo cuando hay antecedentes de convulsiones o la posibilidad de un trastorno cerebral. Déjense guiar por el pediatra, pero no vacilen en preguntarle qué espera sacar de una evaluación neurológica.

La *terapia ocupacional* puede ser benéfica para los niños que necesitan ayuda para desarrollar destrezas motrices.

Alergias y dietas especiales: Es un campo prometedor, pero en la actualidad la gama de posibles soluciones es realmente desconcertante. Aunque no hay pruebas definitivas sobre la eficacia de algún tratamiento dietético para la hiperactividad, si se ha visto un grupo de niños cuyo comportamiento ha mejorado con medidas nutricionales. Como ya hemos señalado, algunos niños difíciles presentan historias de alergia.

La dieta Feingold, que prohíbe ciertos aditivos y colorantes, ha sido la más estudiada. Los resultados son ambiguos, pero parece razonable afirmar que un diez por ciento de los niños mejoran con esta dieta. Podemos mencionar también las dietas que prohíben el azúcar, y asimismo los estudios del efecto de los oligominerales, pero éstos aún no arrojan mucha información. El comportamiento difícil de algunos niños alérgicos parece mejorar al curarles la sensibilidad a determinada sustancia. En este caso el especialista sería un alergista pediátrico.

Las dosis megavitamínicas no han demostrado ningún efecto positivo en el niño "hiperactivo", y sí encierran el peligro de efectos colaterales.

En términos generales, una buena nutrición es obviamente aconsejable. El papel de la dieta y de las posibles alergias como factores que influyen en el comportamiento del niño son temas que los padres deben tratar con el pediatra. Aunque éste señale, correctamente, que hay muy pocas pruebas científicas al respecto, los casos de mejoría son lo bastante frecuente como para que los padres no se desanimen de ensayar el tratamiento dietético, siempre y cuando que no sea nocivo y que no reemplace otros ingredientes necesarios en el manejo global del niño.

No vacilen en buscar ayuda adicional para su hijo. No consideren que esto es un estigma. No todas las familias que tienen hijos difíciles se libran de las secuelas del círculo vicioso. Además, las familias tienen problemas que no se originaron en el niño. La mayoría de estos problemas se pueden afrontar con la ayuda de un profesional idóneo.

CONCLUSION:
¿Qué le depara el futuro
a mi hijo?

Todos los padres se preguntan acerca del futuro de su hijo. Tienen esperanzas, planes y sueños. Y si el hijo es difícil, les inquieta pensar qué clase de adulto será, y si podrá ser feliz.

Al comenzar el Programa del Niño Difícil, la mayoría de los padres se sienten tan desconcertados por el comportamiento del niño y están tan atrapados en el círculo vicioso, que suelen exagerar sus temores y preocupaciones. Después de escucharlos, generalmente les sugiero que se dediquen a mejorar el presente y que se ocupen del futuro cuando las cosas anden mejor. Llegados a este punto, los padres buscarán respuestas para muchas de sus preguntas.

Temores de los padres

Cuando los padres me hablan de aquello que más les inquieta respecto del futuro, dicen cosas como las siguientes:

"Siempre será una persona dificil".

"No tendrá amigos".

"¿Tendrá siempre estos arrebatos?"

"¿Será un joven alocado? ¿Terminará en la cárcel?"

"¿Le podrá ir bien en el colegio?"

"¿Cursará estudios superiores?"

"Tal vez tenga problemas de droga".

"Siempre será egoísta (o testarudo, o grosero, o inconforme)".

En resumen, los padres temen que su hijo seguirá siempre igual y que se meterá cada vez más en problemas a medida que crezca.

Al ir mejorando las cosas, estos temores exagerados suelen mitigarse, pero quedan algunas dudas e inquietudes persistentes.

¿Hasta qué punto son justificadas?

Muchos padres, quizá ustedes mismos, temen haber traumatizado a su hijo permanentemente, y que jamás podrán deshacer sus errores del pasado. ¿Acaso los padres modernos no conocen muy bien lo que es un "trauma de la infancia"? "¿Acaso los primeros meses y años de vida no son lo único que *realmente* cuenta?" Es enorme la importancia que se le atribuye al papel de los padres — y en particular al de la madre — en la formación del niño. Las palabras "rechazo", "sobreprotección" y otras han entrado a formar parte de nuestro vocabulario cotidiano. Se oyen debates acalorados sobre la lactancia materna *versus* el biberón, sobre el momento de enseñarle al niño a controlar las funciones fisiológicas, sobre el estímulo excesivo, sobre la cantidad *exacta* de tiempo "de calidad" que se les debe dedicar, y toda una serie de temas afines.

¿Cuál ha sido el efecto de todo esto?

Muchos piensan que si hacen algo equivocado cuando el niño es pequeño, ¡se acabó! Quedará afectado de por vida.

¡Eso es falso!

Los errores de los padres en la primera infancia no son irrevocables. Su hijo difícil no ha sufrido un trauma permanente por cosas que usted haya hecho antes de leer este libro.

Los niños son increíblemente flexibles y adaptables, y su desarrollo es un proceso largo y continuo. Su personalidad sigue evolucionando mucho después de la primera infancia. Si ustedes analizaran la vida de alguna persona, incluso la de ustedes mismos, se darían cuenta de la influencia que han ejercido en ella muchas y muy diversas experiencias. Todos vamos agregándoles algo a nuestro cúmulo de experiencias y a nuestro temperamento básico a medida que evolucionamos, y a esto contribuyen tanto las fuerzas externas como nuestras propias decisiones acerca de lo que queremos ser.

El Estudio Longitudinal de Nueva York

Ustedes ya conocen este estudio pionero sobre el temperamento infantil, que constituye la base teórica de este libro. Sin embargo, los doctores Chess y Thomas han hecho mucho más que limitarse a definir las características temperamentales. Ellos han seguido estudiando sus 133 casos durante un cuarto de siglo, desde la infancia hasta la edad adulta. La comunidad profesional ha aclamado su estudio por la metodología cuidadosa y precisa de su investigación. Llegaron a la conclusión de que tanto el temperamento como el buen acople (no solamente en los primeros años sino durante toda la niñez) son muy importantes para el desarrollo del niño. Además — de acuerdo con muchas investigaciones modernas — el estudio muestra claramente que el futuro del niño no está determinado a la edad de seis años. Son muchas las influencias que seguirán ejerciendo impacto en él. En cuanto al temperamento, los investigadores descubrieron que si bien éste persiste durante la vida adulta, se hace cada vez menos importante a medida que el niño interactúa con su medio y a medida que madura su personalidad.

Entre los estudiados había niños "difíciles", aunque los doctores Chess y Thomas incluyeron solamente cinco características del temperamento para evaluar esta categoría (inadaptación, irregularidad, rechazo inicial, ánimo negativo y alta intensidad). Estos niños corrían mayor riesgo de tener problemas en caso de que su manejo no fuera adecuado. En los casos en que los padres recibieron alguna orientación, generalmente el niño se restableció y conservó el terreno ganado. En otras palabras, el niño mejoró y continuó mejorando.

Otro aspecto importante del estudio fue la demostración de que los conflictos continuos entre los padres, causados por cualquier motivo, se asocian con una mayor probabilidad de futuros problemas para todos los niños, tanto difíciles como no difíciles.

Resultados con una niña

Mi hija Jillian, de 11 años, a quien ustedes conocieron en la introducción de este libro, era un típico bebé difícil y una niña extremadamente difícil en sus primeros años. Demostró rechazo inicial, alta intensidad, irregularidad, inadaptación y bajo umbral al tacto, a los textiles, al dolor, a los sabores y a los olores. Su actividad era moderada, tenía propensión a distraerse, y su ánimo era una mezcla volátil de positivo y negativo. En la familia también había problemas de círculo vicioso. El comportamiento molesto de Jillian incluía pataletas, trastornos del sueño, mal comportamiento en público, luchas para vestirla, apego y algo de temor. Siempre fue más llevadera en la escuela que en la casa. Como padres, tuvimos que esforzarnos muchísimo con ella, y a menudo cometíamos errores y aprendíamos por experiencia.

Hoy Jillian es una niña encantadora, exuberante, expresiva y feliz. Tiene muchas amistades en la escuela y en el campamento de verano. Su trabajo escolar es bueno. Es diligente y persistente, y escribe cuentos que denotan su creatividad. Tiene "ojo" para la ropa, y le encanta vestirse a la última moda. Su vida interior también es maravillosa: tiene una viva imaginación y un alma intuitiva que la hace sensible a los sentimientos de los demás.

A veces nos sorprende con una muestra de discernimiento original y penetrante o de madura comprensión acerca de un concepto difícil. Hace poco me preguntó sobre la reencarnación. La idea le fascinó, y su comentario fue: "No soy solamente yo; soy otras personas y tal vez soy cosas — como una linda flor". Entendió el concepto de la continuidad del alma de una vida a otra, y de esa manera suya tan inimitable lo denominó "el alma viajera".

¿Qué queda de su personalidad "difícil"? Jillian sigue siendo muy intensa pero ha aprendido a exteriorizar sus sentimientos con palabras en vez de reaccionar con fuerza. Confieso que a veces "pierde los estribos" como la mayoría de los niños. De vez en cuando tiene alguna dificultad con lo desconocido o con cambios repentinos en la rutina. Su ánimo es en general positivo y alegre, pero también puede ser volátil. En algunos casos, es bastante tímida. sin embargo, pienso que los niños muy imaginativos suelen ser así, y, cuando se muestra tímida, mi esposa y yo la consolamos pero no lo tomamos como un problema, y ella tampoco. (Espero poder ahondar más en el estudio de la posible vinculación entre la imaginación creativa y la timidez.)

En general, a medida que Jillian crece y que su hermosa personalidad se va desarrollando, sus aspectos "difíciles" la hacen más interesante y más singular ante nuestros ojos. Siempre la hemos amado, pero con cada año que pasa la disfrutamos y respetamos más. Merece de sobra su apodo: "MF" o "¡Muchachita Fabulosa!"

"¿Cómo irá a ser este niño?"

Creo que ustedes pueden darse cuenta ahora de que mi actitud en general es optimista. El alivio inicial que experimentan los padres al ir aplicando el programa con éxito les permite percibir gradualmente la individualidad y las cualidades de su hijo. No solamente aprenden a tolerarlo sino que empiezan a *disfrutarlo* más y a gozar con él. Cuando los padres que terminan mi programa, empiezan a hablar en términos positivos de su hijo difícil o empiezan a disfrutarlo realmente, sé que hemos tenido éxito. Porque esto, más que cualquier otra cosa, me muestra que el acople realmente ha mejorado y que el niño va en camino hacia el desarrollo de su verdadero potencial como individuo.

Algunos padres preguntarán aún: "¿Me puede decir algo más?" "¿Cómo evolucionará?" "¿Qué clase de adulto llegará a ser?" Aunque desconfío en general de las predicciones, puedo decir aquí lo que la experiencia me ha mostrado: La evolución del niño puede seguir tres rumbos:

1. El niño puede llegar a ser un niño indistinguible de todos los demás, un "niño como cualquier otro".

2. Puede presentar problemas más adelante en la niñez o la adolescencia, especialmente si es mal manejado, si hay un mal acople persistente, si sufre problemas de círculo vicioso, y en particular si es criado en un hogar donde hay mucho conflicto entre

los padres (no necesariamente conflictos relacionados con el manejo del niño).

3. El niño bien manejado y que se cría en un ambiente de buen acople y armonía familiar probablemente funcionará muy bien y quizá manifestará características de personalidad muy positivas, tales como creatividad, entusiasmo y comprensión de los demás. Será todo un individuo, y muy posiblemente demuestre cualidades de liderazgo.

En cuanto a su temperamento básico, se verán mejorías en algunas áreas — pero no hay que esperar que sea por arte de magia.

Algunas características pueden cambiar. Por ejemplo, la adaptabilidad suele mejorar mucho con un buen manejo. Con el tiempo, el niño aprenderá a manejar las transiciones; por ejemplo, ya no necesitará el reloj de cambios sino que pedirá más tiempo para terminar lo que está haciendo. Este tipo de regulación interna es de gran ayuda para el problema temperamental. Algunas características tendrán que aceptarse, pues no hay nada que hacer. Una de ellas es la alta intensidad del niño. Además, hay características que se podrán canalizar hacia vías más constructivas.

Mirando todavía más lejos en el futuro, las mismas características temperamentales que originan problemas en la niñez pueden constituir ventajas en la edad adulta y en la edad madura. Veamos la posible evolución de cada característica. (Ustedes podrían encontrar también interesante reflexionar acerca de

ustedes mismos o de sus amistades en este aspecto.
¿Cómo ha contribuido el temperamento a la formación de la personalidad adulta y a la elección de la
carrera?)

- *Nivel de actividad alto.* La gran energía y el dina-
  mismo de estos niños podrían canalizarse hacia
  el deporte. En carreras competitivas como los
  negocios, la bolsa de valores o las ventas, la energía
  y el impulso son esenciales para el éxito.
- *Tendencia a distraerse.* El niño que pasa rápidamente de una actividad a otra podrá mostrar
  una amplia gama de intereses más tarde y ser
  capaz de pasar de uno a otro con gran flexibilidad. Al mismo tiempo, a medida que madure
  podrá aprender a continuar con una tarea importante, especialmente si el interés lo hace persistir.
- *Falta de adaptabilidad.* El niño "encastillado"
  que se opone al cambio puede terminar dedicado
  a un campo de real interés donde la persistencia
  se traduzca en una dedicación profunda. Los eru-
  ditos, los científicos investigadores, los matemá-
  ticos y los innovadores suelen ser "obsesivos" en
  la búsqueda de metas.
- *Retraimiento inicial.* El niño "tímido" que se
  retrae ante cualquier cosa nueva puede llegar a
  ser un adulto dado a evaluar cuidadosamente las
  situaciones y las personas, y piensa bien antes de
  comprometerse. Esta persona sabrá escuchar y
  no se dejará engañar fácilmente, gracias a su pre-

caución natural. Al mismo tiempo, muchos niños tímidos aprenden a vencer su reserva natural, y en la edad adulta algunos aprenden a desenvolverse muy bien en la sociedad.

• *Alta intensidad*. El niño sumamente ruidoso que tiende a expresar sus sentimientos con exageración podría aprovechar esta característica en cualquier área que requiera mucha expresividad. Estas personas suelen encontrarse en los campos de la ópera, el teatro, el cine y la música popular, donde su presencia estelar y su vitalidad atraen al público.

• *Irregularidad*. Un niño que no come ni duerme de acuerdo con un horario aprenderá poco a poco a regular sus propios ciclos de hambre y sueño. En la edad adulta quizá funcione bien en carreras de horas irregulares. El personal de restaurantes, los músicos, los programadores de computadores, los que pintan o escriben, los empleados nocturnos de periódicos o de estaciones de radio o televisión — todas estas personas se desempeñan bien en horarios erráticos que harían estragos en una persona más "regular".

• *Umbral bajo*. Los niños con una hipersensibilidad innata al tacto, los olores y los sabores pueden aprovecharla de muchas maneras. Una persona así podría llegar a ser un gran cocinero, gracias a su delicada sensibilidad a los sabores. Los muy sensibles a los colores, que tengan lo que se llama un sentido innato para los colores, pueden sobresalir en el campo del diseño; mientras que la sensibilidad a los textiles y a los objetos del medio es cualidad esencial en el diseño de interiores o de modas.

• *Animo negativo*. La solemnidad del niño, que tanto inquieta a los padres, puede ser una gran ventaja en ciertas profesiones. El derecho, la vida académica y la medicina son algunos campos en que la seriedad natural contribuye a crear un porte profesional y respetable. En los noticieros de televisión el personaje clave del grupo suele ser aquél cuya seriedad les da mayor peso a las noticias que está presentando.

Las anteriores observaciones no pretenden insinuar que un niño esté destinado a cierta profesión. Lo que buscamos es mostrar que las características que hoy parecen desventajas pueden convertirse en ventajas más adelante, e incluso determinar un futuro interesante y apropiado para su hijo. También podemos ver las posibilidades tan diversas que se abren para estos niños. No hay que pensar que todos desarrollarán una misma personalidad.

Los especiales: Un sueño para el futuro

Creo que ciertos niños están destinados a convertirse en miembros especiales de nuestra sociedad. Si analizáramos la niñez de las personas que han demostrado talentos especiales o ser muy creativas, imaginativas o dinámicas, encontraríamos una mayor proporción de características difíciles en este grupo que en la población general.

Creo que muchos niños difíciles presentan al mismo tiempo timidez y una viva fantasía creadora. Esto se debe en parte a que parecen estar más en contacto con sus sentimientos; es como si su temperamento intenso los hiciera más conscientes de sus propias reacciones. Los circuitos están abiertos, y el resultado es que estos niños parecen más libres, más abiertos, más intuitivos, más creativos, más comprensivos y exuberantes. Dan más rienda suelta a las cualidades del espíritu y la mente, y pueden ser más francos, más individualistas, más conocedores de sí mismos y menos conformistas que sus congéneres no difíciles. En una palabra, estos niños frecuentemente resultan no solamente intensos sino maravillosamente especiales.

Analicemos la niñez de las personas más carismáticas de nuestro siglo. Muchas veces encontraremos señales de que eran niños "raros" o "distintos". Eleanor Roosevelt, retraída y tímida, era "incomprendida" por sus familiares. Albert Einstein era tímido y retraído. No tenía amigos, y empezó a hablar tarde; mostraba ciertas peculiaridades, tuvo problemas con sus maestros en la escuela, y sus padres decían que era "distinto de los otros". Según los parientes de Thomas Edison, el niño era "anormal". Su madre lo retiró de la escuela por sus dificultades. Pablo Picasso fue un niño notoriamente testarudo, dedicado con persistencia a una sola cosa: la pintura. El libro *Cradles of Eminence* [Cunas de eminencia], de Victor y Mildred Goertzel, describe la niñez de 400 personas sobresalientes. No todas ellas fueron de difícil temperamento, quizás algunas sí. Pero la mayoría fueron niños considerados "distintos" o "perturbados". Es obvio que esto no les impidió tener un futuro muy especial.

También hay el caso de un niño especialmente difícil, un fanfarrón pelirrojo que era desobediente y vivía metido en un lío tras otro; que estaba en constante movimiento, saltando, corriendo, brincando, cayéndose y lastimándose. Hubo quien lo describiera como "hiperactivo" y "difícil". Lo consideraban intelectualmente "torpe", propenso a sufrir de resfriados y brotes en la piel; lo describieron como un "debilucho descoordinado" que tenía un defecto en el habla, y cuyo registro escolar, uno de los más bajos del curso, reflejaba una historia de fracasos y mal comportamiento. ¿El nombre de este niño?

Winston Spencer Churchill.

De adulto, este historiador, político, escritor, artista, constructor, agricultor, esgrimista y estadista valeroso y eminente, manifestó muchas de las características del niño difícil convertido en adulto: una intuición profunda, gran energía, magnanimidad y decisión. Fue un caudillo de su época. Pero al mismo tiempo era errático, inconstante, propenso a sufrir cambios de ánimo, y a veces muy inmaduro: le encantaba jugar en la tina, disfrazarse, escuchar discos sosos, y se conmovía hasta las lágrimas con gran facilidad. Estos datos y muchos más, que aparecen en la extraordinaria biografía de Churchill titulada

The Last Lion [El último león] de William Manchester, pintan el retrato de un niño difícil criado con muchas ventajas, pero también en una familia de muchos problemas. Y se convirtió en un hombre verdaderamente notable. Pero nunca dejó de ser esa curiosa mezcla: hombre descollante y alma inmadura, caudillo a la vez que "niño raro".

No todo niño difícil está destinado a alcanzar la grandeza. Pero cada uno merece la oportunidad de hacer realidad su potencial. Las técnicas y los principios de este libro les ayudarán a los padres a brindarle esta oportunidad a su hijo. Traten ustedes siempre de aplicarlos dentro de un ambiente de amabilidad y amor. Respeten al niño, comprendan y aprecien sus capacidades y cualidades, y recuerden siempre que es un individuo. Con el transcurso del tiempo ¿quién sabe qué sueños se harán realidad para él?

APENDICE

Estos datos se tomaron de la evaluación inicial de 149 familias de niños difíciles que han acudido al Programa del Niño Difícil en el Centro Médico Beth Israel o a mi consultorio particular. Yo hice 103 de estas evaluaciones, y 46 las hizo Carole Sands, M.S. y M. Phil., mi asistente en el Hospital Beth Israel. Para tomar los datos se empleó una entrevista clínica semi-estructurada que yo diseñé.

I. *Datos de identificación* (Muestra total: 149)
Edades: 1.0 - 7.0

Sexo: Masculino: 68%
                      Femenino: 32%

Raza: Blanca: 74%
                      De origen hispanoame-
                      ricano: 19%
                      Negra: 5%
                      Otras: 2%

Nivel socioeconómico: Alto: 30%

Medio: 50%

Bajo: 20%

II. *Comportamiento*

(Dos calificaciones: + = problemas moderados o
severos

− = problemas mínimos o
inexistentes)

	+	−
Problemas de comportamiento en el hogar	98%	2%
Problemas de comport. en la escuela (N 111)	62%	38%
Pataletas	74%	26%

III. *Reacciones familiares*

(Dos calificaciones: + = sí

− = no)

	+	−
Disciplina ineficaz	92%	8%
La madre no puede hacer frente	89%	11%
Tensiones en el matrimonio (N 120)	69%	31%

IV. *Características temperamentales difíciles* (N 149)

(Tres calificaciones: 2 + = muy difícil

1 + = difícil

0 = fácil o ligera dificultad)

Los términos se definen en el cuestionario inicial y en el capítulo I

	2+	1+	0
Alto nivel de actividad	65%	20%	15%
Tendencia a distraerse	22%	42%	36%
Falta de adaptación	58%	32%	10%
Retraimiento inicial	16%	38%	46%
Alta intensidad	52%	35%	13%
Irregularidad	35%	35%	30%
Bajo umbral de sensibilidad	32%	39%	20%
Animo negativo	20%	32%	48%

V. *Características difíciles en orden de frecuencia* (N 149)

(Dos calificaciones: + = muy difícil o difícil
− = fácil o ligera dificultad)

	+	−
Falta de adaptación	90%	10%
Alta intensidad	87%	13%
Alto nivel de actividad	85%	15%
Bajo umbral de sensibilidad	71%	29%
Irregularidad	70%	30%
Tendencia a distraerse	66%	34%
Retraimiento inicial	54%	46%
Animo negativo	52%	48%

VI. *Comparación del subgrupo muy activo y muy distraído (32) con el subgrupo poco activo y no distraído (19)*

	Muy activo Muy distraído (N 32)	Poco activo No distraído (N 19)
Sexo: Masculino	81%	37%
Femenino:	19%	63%
Raza: Blanca	69%	90%
De origen hispanoamericano	22%	5%
Otras	9%	5%
Nivel socioeconómico:		
Alto:	28%	42%
Medio:	56%	48%
Bajo:	16%	10%
Comportamiento:		
Problemas en el hogar	94%	95%
Problemas en la escuela	87%(N 23)	31%(N 16)
Pataletas	74%	68%
Historia de alergias:	17%(N 24)	33%(N 18)
Reacciones familiares:		
Disciplina ineficaz	94%	90%
La madre no puede hacer frente	94%	79%
Tensiones en el matrimonio	66%(N 29)	82%(N 17)

Características difíciles asociadas:

Falta de adaptación	88%	100%
Retraimiento inicial	34%	68%
Alta intensidad	94%	68%
Irregularidad	81%	63%
Bajo umbral de sensibilidad	72%	63%
Animo negativo	38%	89%

Nuestro análisis de los datos de 149 familias con niños difíciles que acudieron en busca de ayuda nos llevó a las siguientes conclusiones:

1. El niño difícil en nuestro grupo presentaba una alta frecuencia de problemas de comportamiento.
2. Los padres casi siempre estaban confundidos, por lo cual su manejo era deficiente. El matrimonio solía sufrir de tensiones.
3. En estos niños se hallaron dificultades en *todas* las dimensiones del temperamento.

También comparamos dos sub-grupos:

Grupo I: Muy activo (2+) y muy distraído (2+)

Grupo II: Poco activo (0) y no distraído (0)

En el grupo I, a menudo podría diagnosticarse "hiperactividad" o "trastorno deficitario de atención con hiperactividad". Estos niños tienen más problemas en la escuela, y un alto porcentaje son varones. Es más probable que tengan estados de ánimo positivos y reacción inicial de acercamiento.

En cambio, los niños del Grupo II suelen presentar estados de ánimo negativos y retraimiento inicial.

Los dos grupos tienen mucho en común. Ambos presentan una alta frecuencia de problemas de comportamiento en el hogar y pataletas. Ambos son muy difíciles de criar y crean bastante tensión en los padres. Los niños de ambos grupos muestran falta de adaptación, alta intensidad, irregularidad y bajo umbral de sensibilidad.

Sacamos en conclusión que los niños muy activos pueden incluirse claramente bajo el término general de "niños difíciles" y que muchos, si no la mayoría de los niños "hiperactivos", son temperamentalmente difíciles.